이화 한국어

이화 한국어 1-1 (English Version)

지은이 이미혜 · 김현진 · 구재희 · 윤영 · 이수행 · 권경미 · 유선희

펴낸날 1판 1쇄 2010년 6월 24일
12쇄 2021년 6월 22일

펴낸이 이승아 **펴낸곳** 이화여자대학교출판문화원
주소 서울특별시 서대문구 이화여대길 52(우 03760) **등록** 1954년 7월 6일 제9-61호
전화 02) 3277-2965(편집), 02) 362-6076(마케팅)
팩스 02) 312-4312 **전자우편** press@ewha.ac.kr **홈페이지** www.ewhapress.com

책임편집 이혜지 **디자인** design Vita **조판** design Vita, 정혜진 **번역** 조윤정
일러스트 양승용 **사진** 정영진, 김정원, 이화여자대학교 언어교육원, 이화여자대학교 홍보과
녹음 정영진 **성우** 유남희, 최정호, Kristin Erin Graw **인쇄** 한영문화사

ISBN 978-89-7300-876-6 18710
978-89-7300-875-9 (세트)
값 16,000원

* 사진 촬영에 협조해 주신 Van Den Peereboom Gilles E. M., Qiao Shanshan, Biernath Anne Madlen, Suzuki Makiko, Ishizawa Shinji, Saygi Kemal 씨, 이화여자대학교 언어교육원 학생들과 이화여자대학교 학생들에게 감사를 드립니다.

* 잘못된 책은 구입처에서 바꾸어 드립니다.

이화여자대학교 언어교육원
Ewha Womans University
Ewha Language Center

이화 한국어

이미혜 · 김현진 · 구재희 · 윤영 · 이수행 · 권경미 · 유선희 지음

English Version

1-1

EPRESS

책을 펴내면서

이화여자대학교 언어교육원은 국내 최초의 의사소통 중심 교재 『말이 트이는 한국어(Pathfinder in Korean)』를 발간한 지 12년 만에 새로운 의사소통 중심 교재 『이화 한국어(Ewha Korean)』를 발간하게 되었습니다. 지난 10여 년 동안 『말이 트이는 한국어(Pathfinder in Korean)』는 세계 각국에서 한국어 교재로 널리 사용되어 왔으며 현재까지도 외국인들에게 한국어 학습의 좋은 길잡이가 되고 있습니다. 그러나 새로운 시대 흐름에 맞춘 교재 집필이 필요하다고 생각되어 언어교육원에서는 2008년부터 『이화 한국어(Ewha Korean)』 개발에 착수하였으며, 교육과학기술부의 '2009 한국어 연수 프로그램 지원사업'에 선정되어 교재 개발에 박차를 가할 수 있게 되었습니다. 그리고 지난 일 년 간 언어교육원 한국어 과정에서 몇 차례의 시험 사용, 수정 작업을 거쳐 발간하기에 이르렀습니다. 『이화 한국어(Ewha Korean)』 시리즈는 1급에서 6급까지 총 30권의 교재와 연습서로 구성되며, 앞으로 단계적으로 발간될 예정입니다.

『이화 한국어(Ewha Korean)』는 말하기 · 듣기 · 읽기 · 쓰기의 통합 교재이며 초급부터 고급까지 연계적으로 구성되어 있습니다. 이 교재는 네 가지 언어 기능의 균형 있는 발전을 유도하면서도 특히 말하기 능력을 강화하도록 고안된 것이 특징입니다. 말하기 연습을 유도하는 장치로 'Try it'을 활용하였는데 이것은 외국인 학습자가 주도적으로 대화를 이끌어 갈 수 있도록 담화 순서와 문장의 핵심어를 담은 것입니다. 이 장치를 따라 말하기 연습을 함으로써 학습자는 단순 암기 방식에서 벗어나서 주도적으로 대화를 이끌어 가는 능력을 기를 수 있을 것입니다. 또한 최근 학습자 성향과 편의를 고려하여 1~3급은 교재를 두 권으로 구성하였으며, 1급과 2급은 영어, 일본어, 혹은 중국어(간체, 번체)로 설명을 넣는 등 세밀하게 학습자 요구를 반영하고자 하였습니다.

이화여자대학교 언어교육원을 대표하여, 『이화 한국어(Ewha Korean)』가 출간되기까지 이 책의 저자들이 쏟은 열정과 노고에 대해서 깊은 감사를 드립니다. 또한 내용 구성에 많은 조언을 해 주신 이해영, 김영규, 최형용, 박선희 교수님께 감사의 말씀을 드리며, 문학 부분에 조언을 해 주신 김현자 교수님께도 감사의 말씀을 드립니다. 또한 편집과 출판을 맡아 주신 이화여자대학교출판문화원에도 고마움을 전합니다.

앞으로 『이화 한국어(Ewha Korean)』가 국내외에서 한국어 교재로 널리 활용되어 한국어를 쉽고 재미있고 효과적으로 교수 · 학습하는 데 기여하기를 기대합니다.

2010년 6월

이화여자대학교 언어교육원

원장 양 혜 순

Preface

Twelve years after publishing *Pathfinder in Korean*, the first domestically made Korean language textbook based on communicative practice, Ewha Language Center at Ewha Womans University has now released a new textbook titled *Ewha Korean*. Over the past ten years *Pathfinder in Korean* has been widely used as a Korean language textbook in many countries around the world and is still prized as a useful guide for beginners to the Korean language. Under the belief that a new textbook was called for to meet the needs of changing times, however, Ewha Language Center began development of *Ewha Korean* in 2008. The project gained momentum when it was selected for funding under the Ministry of Education, Science and Technology's program to provide support for Korean language training in 2009. Over the past year the textbook was tested, revised, and tested again through actual use in the classroom at Ewha Language Center before coming up with the final version. The *Ewha Korean* series consists of 30 volumes including textbooks and workbooks, covering six levels, and will be published in stages.

Ewha Korean is a comprehensive textbook covering the four skills of speaking, listening, reading, and writing with related content throughout all levels. While fostering balanced development of the four language skills, the new textbook is designed with an emphasis on speaking ability. The "Try it" section in each chapter is designed to encourage students to improve their conversation skills without memorization by creating their own dialogue according to a given situation and explanation of the flow of the dialogue and vocabulary. In addition, taking into consideration the demands and preferences expressed by students, levels 1 to 3 consist of two books each, and in levels 1 and 2 the instructions and explanations are given in English, Japanese, or Chinese(simplified and traditional).

On behalf of Ewha Language Center, I extend my sincere thanks to the authors of the book for their passion and dedication. I also wish to express my appreciation to Professors Hai-young Lee, Young-kyu Kim, Hyung-yong Choi, and Sun-hee Park for their assistance in organizing the content, and Professor Hyun-ja Kim for her advice in regard to the literature sections of the book. Many thanks also go to Ewha Womans University Press for editing and publication of the book.

It is my hope that *Ewha Korean* will be widely used inside and outside the country as a Korean language textbook, and contribute to the teaching and learning of Korean in a way that is both fun and effective.

June 2010

Heisoon Yang, Director

Ewha Womans University Language Center

차례 Contents

책을 펴내면서 Preface 05

교재 구성표 Table of Contents 08

교재 구성과 사용법 How to Use This Book 12

주요 인물 Main Characters 17

제1과 한국어와 한글 Korean and Hangeul 18

제2과 소개 Introductions 34

제3과 학교생활 School Life 48

제4과 집 Home 64

제5과 하루 일과 Daily Schedule 80

제6과 주말 Weekend 96

제7과 가족 Family 112

듣기 지문 및 정답 Listening Script and Answers 130

찾아보기 Index 134

교재 구성표

단원	제목	Part 1 준비합시다	Part 1 말해 봅시다	Part 2 준비합시다	Part 2 말해 봅시다
1	한국어와 한글	한국어와 한글 소개		한글 익히기	
2	소개	입니다, 입니까 은/는(주제)	인사 나누기 표현 만났을 때 인사하기 이름 소개하기 국적 묻기 발음 입니다[임니다]	이/가 아닙니다 수 ①	자기 소개하기 표현 직업 묻기 상대방의 이야기를 듣고 반응하기 만났을 때 반가움 표현하기
3	학교 생활	–습니다, –습니까 이/가 을/를 어휘 학교생활	한국 생활에 대해 말하기 표현 한국 생활에 대해 묻기 발음 한국어[한구거]	날짜 에(방향)	수업 일정에 대해 말하기 표현 날짜 묻기 요일 묻기
4	집	이, 그, 저 에(위치) 하고, 과/와 어휘 위치	기숙사 시설 위치 알려 주기 표현 시설 위치 묻기 부탁하기 발음 있습니다[읻씀니다]	–(으)세요 (으)로(방향)	장소 위치 설명하기 표현 장소 위치 묻기 방향 지시하기
5	하루 일과	수 ② 시간 에(시간) 어휘 일상생활	스포츠센터 프로그램 정보 얻기 표현 프로그램에 대해 묻기 발음 여덟[여덜]	부터~까지 –아/어요	하루 일과 말하기 표현 시간 말하기
6	주말	에서(장소) 안 으 탈락 어휘 주말 활동 시간 관련 어휘	주말 활동 이야기하기 표현 주말 활동에 대해 묻기 부러움 표현하기 발음 같이[가치]	–았/었– 도	여행 경험 말하기 표현 지난 휴가에 대해 묻기
7	가족	나이 은/는(대조)	친구에게 형제 소개하기 표현 형제의 수 묻기	–(으)시– ㄹ 탈락 만 어휘 가족 관계 직업	친구에게 가족 소개하기 표현 가족의 수 묻기 나이 묻기 발음 어떻게[어떠케]

내 용			
Part 3		Culture & Literature	
들어 봅시다	읽고 써 봅시다	문화 알아보기	문학 맛보기
문장 만들기		–	
전화번호를 묻는 대화 듣기 표현 감사 표현하기 층, 호수 묻기	자기 소개의 글 읽고 쓰기	한국인의 이름과 호칭	개구리 (시)
학교생활에 대한 대화 듣기	동아리 안내문 읽고 쓰기	한국의 교육 제도	일요일 행진곡 (시)
물건 위치를 묻는 대화 듣기	집 소개의 글 읽고 쓰기	온돌	섬 (시)
하숙집 생활에 대한 대화 듣기 표현 식사 시간 묻기	하루 일과에 대한 글 읽고 쓰기	한국인과 수	오륙도 (시조)
어제 한 일에 대한 대화 듣기 표현 망설임 표현하기	여행 경험에 대한 글 읽고 쓰기	한국인의 주말 활동	고백 (시)
가족사진에 대한 대화 듣기	가족 소개의 글 읽고 쓰기	가족 호칭	엄마야 누나야 (시)

Table of Contents

Unit	Title	Contents			
		Part 1		Part 2	
		Grammar & Vocabulary	Speaking	Grammar & Vocabulary	Speaking
1	Korean and Hangeul	Introducing the Korean language and Hangeul			Learning Hangeul
2	Introductions	입니다, 입니까 은/는(topic)	Greetings E Greetings Introducing your name Asking someone's nationality P 입니다[임니다]	이/가 아닙니다 수 ①	Introducing yourself E Asking someone's occupation Responding to someone Expressing pleasure at meeting someone
3	School Life	–습니다, –습니까 이/가 을/를 V School life	Talking about life in Korea E Asking about life in Korea P 한국어[한구거]	날짜 에 (direction)	Talking about the timetable E Asking the date Asking the day of the week
4	Home	이, 그, 저 에 (location) 하고, 과/와 V Location	Explaining where things are in the dormitory E Asking the locations of facilities Formal expression asking for good will P 있습니다[읻씀니다]	–(으)세요 (으)로 (direction)	Explaining the location of a place E Asking the location of a place Giving directions
5	Daily Schedule	수 ② 시간 에 (time) V Daily life	Getting information about programs at the sports center E Asking about the programs P 여덟 [여덜]	부터～까지 –아/어요	Explaining your daily schedule E Saying time
6	Weekend	에서(place) 안 으 탈락 V Weekend activities Time related words	Talking about weekend activities E Asking people how they spend the weekend Expressing envy P 같이 [가치]	–았/었– 도	Talking about travel experiences E Asking about someone's vacation
7	Family	나이 은/는 (contrast)	Introducing your siblings E Asking about the number of siblings	–(으)시– ㄹ탈락 만 V Family relations Occupations	Introducing your family E Asking how many members are in the family Asking about age P 어떻게[어떠케]

V Vocabulary E Expression P Pronunciation

Contents

Part 3		Culture & Literature	
Listening	Reading & Writing	Culture	Literature
Sentence building			
Listening to someone ask for a phone number E Saying thank you Asking which floor, what number	Reading and writing a self-introduction	Korean names and titles	개구리 (Poem)
Listening to a conversation about school life	Reading and writing a notice about clubs	The Korean education system	일요일 행진곡 (Poem)
Listening to someone ask the location of objects	Reading and writing the description of a house	Ondol	섬 (Poem)
Listening to a conversation about life in a boarding house E Asking about the mealtimes	Reading and writing about your daily schedule	Koreans and numbers	오륙도 (Sijo)
Listening to a conversation about what someone did yesterday E Expressing hesitation	Reading and writing about travel experiences	How Koreans spend the weekend	고백 (Poem)
Listening to a conversation about a family photo	Reading and writing about the family	Family terms of address	엄마야 누나야 (Poem)

교재 구성과 사용법 How to Use This Book

- 『이화 한국어 1-1』은 1~7과, 『이화 한국어 1-2』는 8~15과로 이루어져 있습니다.
  Ewha Korean 1-1 covers Units 1~7 and *Ewha Korean 1-2* covers Units 8~15.

- 1과 '한국어와 한글'은 한글 자모를 읽히고 한국어 문장 구성을 익히는 기초 단원입니다.
  Unit 1 "The Korean Language and Hangeul" gives a basic introduction to Korean alphabet and the structure of Korean sentences.

- 2과부터 각 단원은 Part 1, 2, 3과 'Culture & Literature'로 구성되어 있습니다. Part 1, 2, 3은 문법, 말하기, 듣기, 읽기, 쓰기를 학습하는 부분이며, 'Culture & Literature'는 한국의 문화를 알아보고 문학 작품을 접해 보는 부분입니다.
  From Unit 2, each chapter is divided into four parts: Parts 1, 2, 3, and "Culture & Literature". Parts 1, 2, and 3 cover grammar, speaking, listening, reading and writing, while "Culture & Literature" explores Korean culture and gives students an introduction to literary works.

단원 구성 Composition of Units

단원 표지 Unit cover page

사진 자료로 단원의 내용을 알 수 있도록 보여 줍니다.
Photos are used to indicate the contents of the unit.

단원의 학습 내용과 목표를 알려 줍니다.
The contents and learning goals of each unit are explained.

Part1
Part2

준비합시다와 말해 봅시다로 구성되어 있습니다. 준비합시다에서 2~3개의 문법과 어휘들을 학습하고, 말해 봅시다에서 실제적인 말하기 과제를 연습해 봅니다.

These parts consist of preparation(준비합시다) and speaking(말해 봅시다) sections. The preparation section gives practice in 2~3 grammar points and vocabulary, and the speaking section gives practice in speaking and includes speaking tasks.

문법을 학습하기 전에 학생이 문법의 쓰임과 의미에 대해 생각해 볼 수 있도록 간단한 질문을 제시했습니다.
Before studying grammar students are given simple questions that prompt them to think about grammar usage and meaning.

상황이 있는 그림과 예문으로 문법이 언제, 어떻게 사용되는지를 알려 줍니다.
Points on application of grammar including where and how it is used are shown through pictures and examples.

문법의 의미(쓰임)를 명확하게 알 수 있도록 설명을 제시했으며, 형태 정보를 도식화하여 간략하게 보여 주고 예를 제시했습니다. (N = 명사, A = 형용사, V = 동사)
The meaning(usage) of grammar points is clearly explained, and information on forms is simply explained in diagram form with examples.
(N = Noun, A = Adjective, V = Verb)

문법 연습을 말하기 활동으로 제시했습니다. 연습 방법을 알 수 있도록 번역된 지시문과 〈보기〉를 제시했습니다.
Grammar practice is given through speaking tasks. Instructions in the English translation and examples are given.

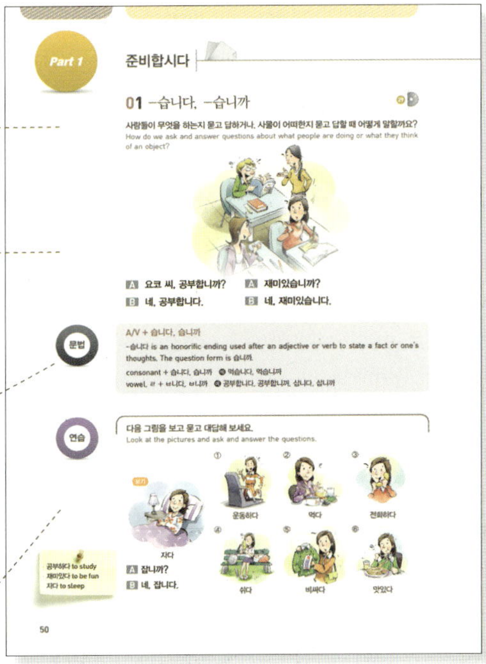

단원 주제와 관련된 어휘들을 그림과 함께 제시했습니다.
Key words related to the unit are given with pictures.

말하기 과제의 내용, 상황, 대화자의 역할을 그림과 설명으로 제시했습니다.
For the speaking tasks the content, situation and roles of speakers are explained with pictures.

모범 대화문을 학습하기 전에 주어진 역할에 맞게 대화를 만들어 보는 연습입니다. 말풍선에 제시된 핵심어를 보면서 두 사람이 대화를 만들어 봅니다. Try it은 암기에 의존하지 않고 스스로 대화를 주도하면서 구성하는 능력을 길러 줍니다.
Before studying the given dialogue students practice making up their own according to given roles. The students make up a conversation in the speech balloons following key instructions. "Try it" encourages students to speak without relying on memorization.

대화의 흐름과 주요 내용을 알려 주는 것으로 담화에 대한 이해력, 구성 능력을 길러 줍니다.
Students' understanding of dialogue and speaking ability is fostered by explaining the flow and major contents of the dialogue.

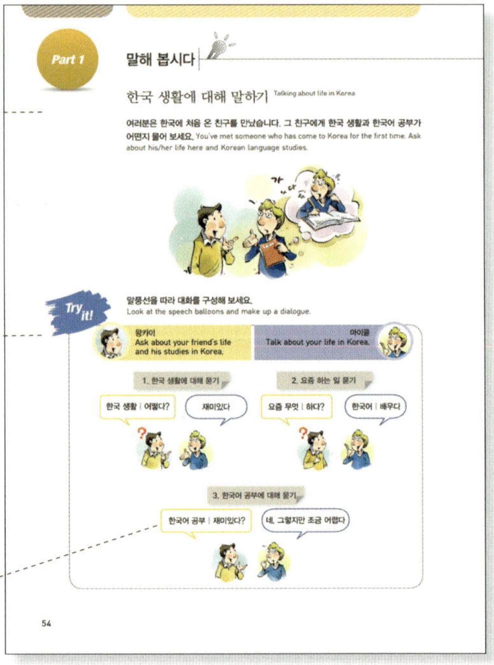

모범 대화문입니다.
Sample dialogue.

대화문에 포함된 주의할 발음에 대해 설명과 예를 제시했습니다.
Explanations of pronunciation in the dialogue and examples are given.

말하기 과제 수행에 필요한 기능 표현입니다. 살아 있는 표현들이므로 실생활에서 유용하게 사용할 수 있습니다.
Key expressions needed to carry out the speaking task are given. These expressions are useful in everyday life.

교실에서 사용할 수 있는 확장 연습을 제시했습니다. 상황에 맞게 변형하여 활용할 수 있습니다.
Suggestions for further practice are given. The points can be adapted to various situations.

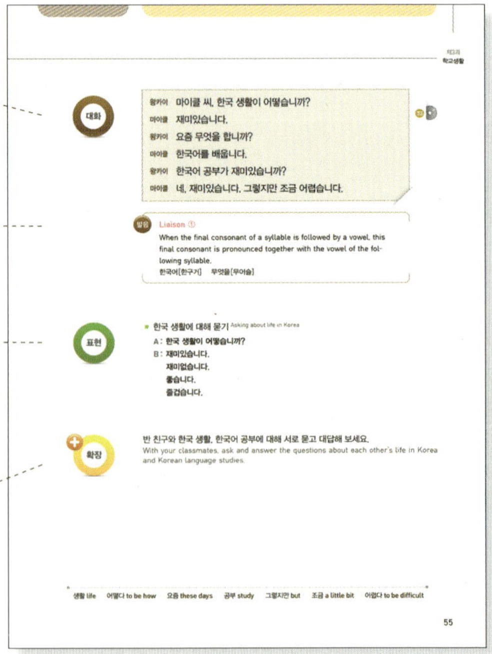

Part3

들어 봅시다와 읽고 써 봅시다로 구성되어 있습니다.

This part consists of the listening(들어 봅시다) and reading & writing(읽고 써 봅시다) sections.

듣기 전 단계에서 활용하는 상황 그림과 질문입니다. 들을 내용을 예측하고, 어휘나 표현을 확인하는 데 도움이 됩니다.

These pictures and questions explain the listening situation. They give the students an idea of what to expect in the listening dialogue and check vocabulary and expressions.

듣기 단계에서 활용할 이해 확인 문제입니다. 무엇에 중점을 두고 들어야 하는지를 안내해 줍니다.

These questions test the students' understanding of the listening situation. They guide the students to the key points.

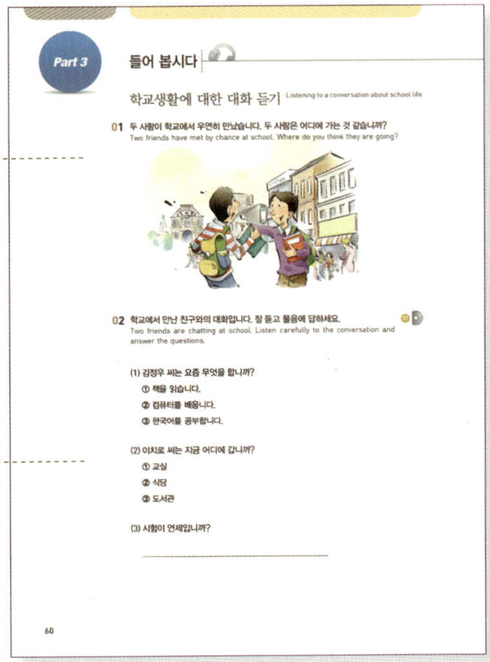

읽기 전 단계에서 활용하는 활동입니다. 주제와 관련된 정보를 얻고, 어휘나 표현을 확인하는 데 도움이 됩니다.

This exercise gives students information related to the reading task and helps check vocabulary and key expressions.

다양한 유형의 글을 읽기 자료로 제시했습니다.

Various types of texts are presented as reading material.

읽기 단계에서 활용할 이해 확인 문제입니다.

These questions test the students' understanding of the reading material.

읽기 학습을 쓰기로 연결한 활동입니다. 읽은 글과 유사한 종류의 글을 써 보는 연습입니다.

This exercise links reading with writing. Students practice writing a passage similar to the one they have just read.

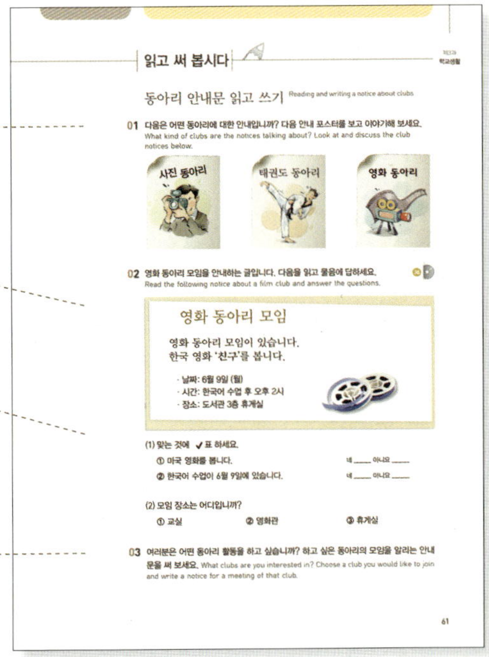

Culture & Literature

문화 알아보기와 문학 맛보기로 구성되어 있습니다.

This part gives students an introduction to one aspect of Korean culture(문화 알아보기) and one example of Korean literature(문학 맛보기).

단원 주제와 관련된 문화 내용을 한국어와 외국어로 제시했으며, 사진이나 삽화를 함께 제시했습니다.

One aspect of Korean culture related to the subject of each respective unit is introduced both in Korean and English, accompanied by photos or illustrations.

한국 문화에 대한 이해를 확인하는 질문과 문화상호주의적인 관점에서 자기 나라의 문화와 비교하여 생각해 보는 활동을 제시했습니다.

The culture activity tests the students' understanding of Korean culture and prompts them to think about comparisons with their own cultures.

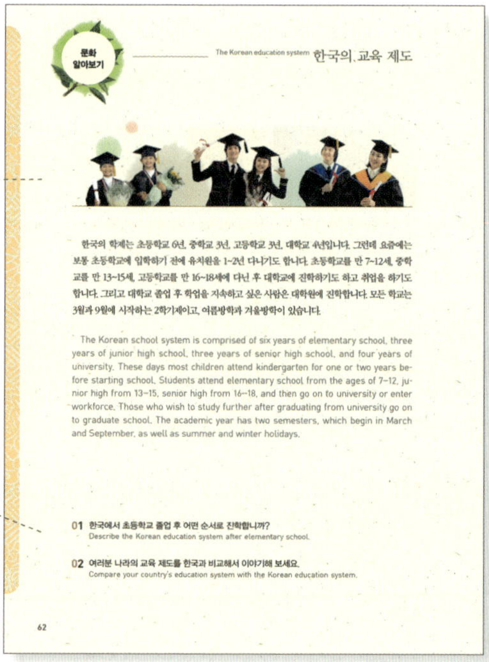

문화 알아보기

The Korean education system 한국의 교육 제도

한국의 학제는 초등학교 6년, 중학교 3년, 고등학교 3년, 대학교 4년입니다. 그런데 요즘에는 보통 초등학교에 입학하기 전에 유치원을 1~2년 다니기도 합니다. 초등학교를 만 7~12세, 중학교를 만 13~15세, 고등학교를 만 16~18세에 다닌 후 대학교에 진학하기도 하고 취업을 하기도 합니다. 그리고 대학교 졸업 후 학업을 지속하고 싶은 사람은 대학원에 진학합니다. 모든 학교는 3월과 9월에 시작하는 2학기제이고, 여름방학과 겨울방학이 있습니다.

The Korean school system is comprised of six years of elementary school, three years of junior high school, three years of senior high school, and four years of university. These days most children attend kindergarten for one or two years before starting school. Students attend elementary school from the ages of 7–12, junior high from 13–15, senior high from 16–18, and then go on to university or enter workforce. Those who wish to study further after graduating from university go on to graduate school. The academic year has two semesters, which begin in March and September, as well as summer and winter holidays.

01 한국에서 초등학교 졸업 후 어떤 순서로 진학합니까?
Describe the Korean education system after elementary school.

02 여러분 나라의 교육 제도를 한국과 비교해서 이야기해 보세요.
Compare your country's education system with the Korean education system.

62

한국 문학을 접해 보고 감상해 보는 부분입니다. 단원 주제와 연관된 내용, 단원의 문법이 활용된 작품 중에서 초급에 적절한 것을 수록했습니다.

This section gives students a chance to read and appreciate examples of Korean literature. Works related to the content of each unit and using the same grammatical structures have been selected.

문학 작품을 감상하기 전에 그림이나 사진을 보고 이야기하면서 흥미를 갖도록 하는 부분입니다.

To stimulate their interest in the literary work presented, students discuss the related illustrations (photos) before reading it.

CD에 녹음된 내용을 들으면서 문학 작품을 감상해 보는 것입니다. 문학 작품의 전문 또는 일부를 수록했습니다.

Students listen to the piece of literature on CD. A whole literary text or part of one is presented.

자신의 생각이나 느낌을 표현해 보는 활동입니다.

Students are asked to express their own thoughts or feelings on the literary work.

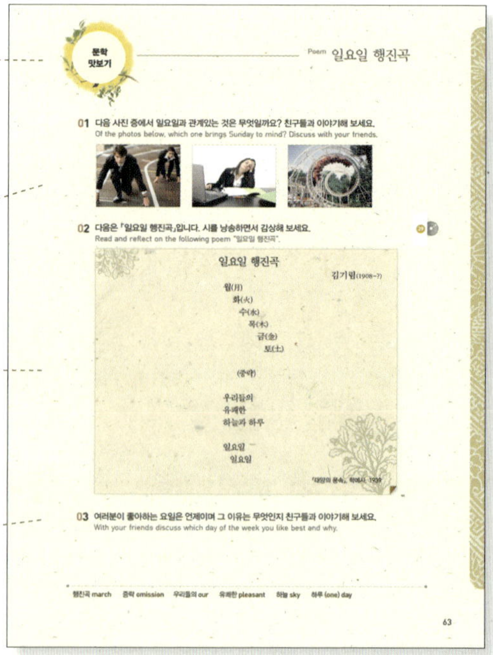

문학 맛보기

Poem 일요일 행진곡

01 다음 사진 중에서 일요일과 관계있는 것은 무엇일까요? 친구들과 이야기해 보세요.
Of the photos below, which one brings Sunday to mind? Discuss with your friends.

02 다음은 「일요일 행진곡」입니다. 시를 낭송하면서 감상해 보세요.
Read and reflect on the following poem "일요일 행진곡".

일요일 행진곡

김기림(1908~?)

월(月)
화(火)
수(水)
목(木)
금(金)
토(土)

(중략)

우리들의
유쾌한
하늘과 하루

일요일
일요일

「태양의 풍속」, 학예사, 1939

03 여러분이 좋아하는 요일은 언제이며 그 이유는 무엇인지 친구들과 이야기해 보세요.
With your friends discuss which day of the week you like best and why.

행진곡 march　중략 omission　우리들의 our　유쾌한 pleasant　하늘 sky　하루 (one) day

63

주요 인물 Main Characters

제1과

한국어와 한글

Korean and Hangeul

제1과 한국어와 한글 Korean and Hangeul

Part 1 한국어와 한글 소개
Introducing the Korean language and Hangeul

Part 2 한글 익히기
Learning Hangeul

1 모음 (1) Vowels (1)
2 자음 (1) Consonants (1)
3 모음 (2) Vowels (2)
4 자음 (2) Consonants (2)
5 받침 Final consonants

Part 3 문장 만들기
Sentence building

Part 1

한국어와 한글 소개 Introducing the Korean language and Hangeul

How many people around the world use the Korean language?

Korean is the official language of the Republic of Korea and is used by approximately 78 million people around the world. Korean is the 12th widely used language in the world. This means Korean falls behind Chinese, Spanish, and English but is ahead of Italian and French.

Aside from Koreans living inside and outside the country, a growing number of people around the world are learning the Korean language thanks largely to increased cultural exchange resulting from the popularity of Korean pop culture, a phenomenon called Hallyu(한류). Hence the role of Korean TV dramas, movies, and music has become important. In addition, a growing number of people from different parts of the world are learning Korean to work or study in Korea.

How and when was Hangeul invented?

The Korean alphabet is called Hangeul. It was invented in 1443 by King Sejong, the fourth monarch of Joseon, and the scholars of Jiphyeonjeon (The Academy of Worthies). Before Hangeul, Korean was written in Chinese characters, which were difficult for the ordinary people to learn, but with the invention of Hangeul Koreans were finally able to easily write down their own thoughts.

King Sejong

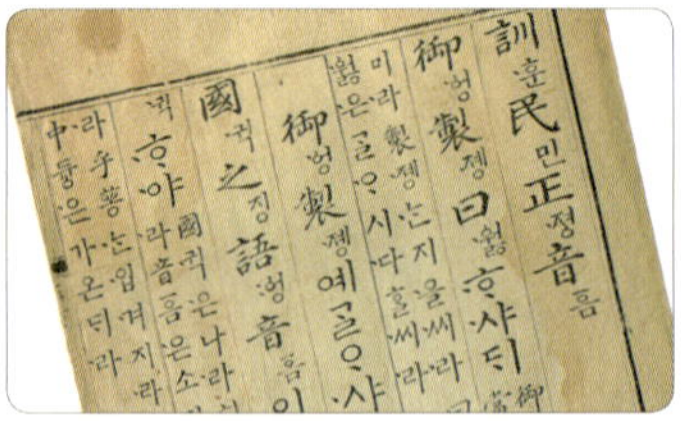

Hunminjeongeum
(Correct Sounds to Instruct the people)

한글
대한민국
한국어
이화여자대학교

Various Hangeul font

The consonants were designed based on pictographic principles and the addition of strokes. The five basic consonants (ㄱ, ㄴ, ㅁ, ㅅ, ㅇ) follow the shape of the speech organs as they make the sound while the remainder were made by adding strokes to the basic consonants.

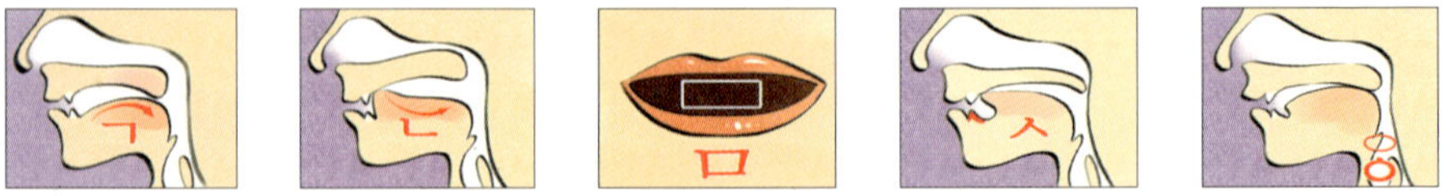

The vowels are a combination of the symbols '·', '—', and 'ㅣ' which represent heaven, the earth, and human beings (standing up) respectively. All vowels are composed of these three elements.

How are the Korean characters composed?

As a syllabic script Hangeul is composed of consonants and vowels. Modern Hangeul consists of 40 letters, 19 consonants and 21 vowels.

Consonants	ㄱ	ㄴ	ㄷ	ㄹ	ㅁ	ㅂ	ㅅ	ㅇ	ㅈ	
	ㅊ	ㅋ	ㅌ	ㅍ	ㅎ	ㄲ	ㄸ	ㅃ	ㅆ	ㅉ

Vowels	ㅏ	ㅐ	ㅑ	ㅒ	ㅓ	ㅔ	ㅕ	ㅖ	ㅗ	ㅘ	
	ㅙ	ㅚ	ㅛ	ㅜ	ㅝ	ㅞ	ㅟ	ㅠ	ㅡ	ㅢ	ㅣ

Each Hangeul character is a syllabic block made up of both consonants and vowels. A consonant is found in the initial and the final position of the character and a vowel in the medial position. The ordering of consonants and vowels is indicated in the diagram below.

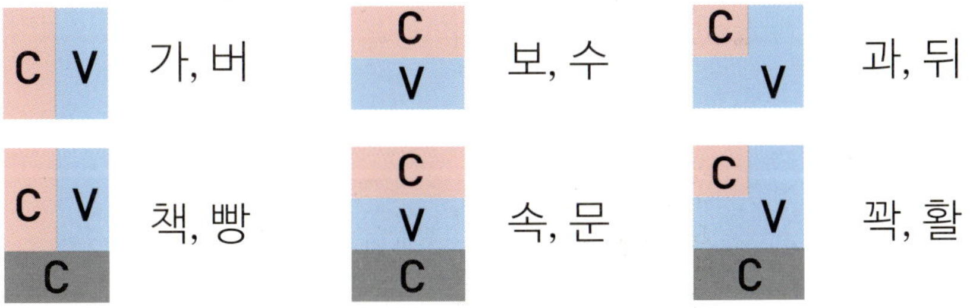

Vowels are either vertical in shape or horizontal. The vertical ones are ㅏ, ㅑ, ㅓ, ㅕ, ㅣ and the consonant is placed on the left hand side. The horizontal ones are ㅗ, ㅛ, ㅜ, ㅠ, ㅡ and the consonant is placed on top.

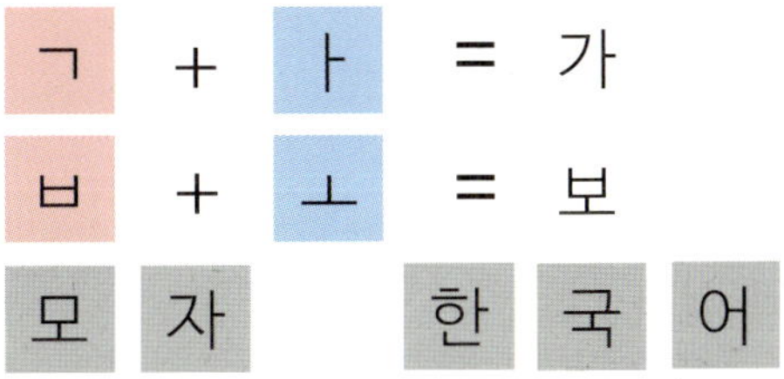

한글 익히기 Learning Hangeul

01 모음(1) Vowels (1)

1

There are 21 vowels in Hangeul, 10 simple vowels and 11 compound vowels made of a combination of simple vowels. Vowels are written from top to bottom, and from left to right.

Letter	Name	Phonetic value	Stroke order	Practice		
ㅏ	아	[a]		ㅏ	ㅏ	ㅏ
ㅑ	야	[ja]		ㅑ	ㅑ	ㅑ
ㅓ	어	[ə]		ㅓ	ㅓ	ㅓ
ㅕ	여	[jə]		ㅕ	ㅕ	ㅕ
ㅗ	오	[o]		ㅗ	ㅗ	ㅗ
ㅛ	요	[jo]		ㅛ	ㅛ	ㅛ
ㅜ	우	[u]		ㅜ	ㅜ	ㅜ
ㅠ	유	[ju]		ㅠ	ㅠ	ㅠ
ㅡ	으	[ɨ]		ㅡ	ㅡ	ㅡ
ㅣ	이	[i]		ㅣ	ㅣ	ㅣ

Syllables A vowel composes a syllable. When there is no consonant in the initial position of a syllabic block, the letter 'ㅇ' is used as a filler, which has no sound. Therefore, '이' is pronounced the same as the vowel 'ㅣ'.

ㅇ + ㅣ = 이

ㅇ + ㅜ = 우

연습

1. Listen and choose the correct answer.

2

(1)	① 아	② 어	③ 오	(2)	① 여	② 요	③ 유
(3)	① 오	② 어	③ 으	(4)	① 으	② 이	③ 여
(5)	① 요	② 오	③ 우	(6)	① 어	② 오	③ 요

2. Read and write the following words.

3

Word		Practice		
오		오	오	오
이		이	이	이
오이		오이	오이	오이
아이		아이	아이	아이
우유		우유	우유	우유
여우		여우	여우	여우

한글 익히기 Learning Hangeul

02 자음(1) Consonants (1)

4

There are 19 consonants in Hangeul, 14 simple consonants and 5 double consonants. They must be used in combination with vowels to complete a syllable and as such consonants have no sound on their own. Consonants can change in sound to resemble another depending on the vowel that follows or its position in the syllabic block.

Letter	Name	Phonetic value	Stroke order	Practice		
ㄱ	기역	[k], [g]	ㄱ	ㄱ	ㄱ	ㄱ
ㄴ	니은	[n]	ㄴ	ㄴ	ㄴ	ㄴ
ㄷ	디귿	[t], [d]	ㄷ	ㄷ	ㄷ	ㄷ
ㄹ	리을	[r], [l]	ㄹ	ㄹ	ㄹ	ㄹ
ㅁ	미음	[m]	ㅁ	ㅁ	ㅁ	ㅁ
ㅂ	비읍	[p], [b]	ㅂ	ㅂ	ㅂ	ㅂ
ㅅ	시옷	[s], [sh]	ㅅ	ㅅ	ㅅ	ㅅ
ㅇ	이응	-	ㅇ	ㅇ	ㅇ	ㅇ
ㅈ	지읒	[c]	ㅈ	ㅈ	ㅈ	ㅈ
ㅊ	치읓	[c^h]	ㅊ	ㅊ	ㅊ	ㅊ
ㅋ	키읔	[k^h]	ㅋ	ㅋ	ㅋ	ㅋ
ㅌ	티읕	[t^h]	ㅌ	ㅌ	ㅌ	ㅌ
ㅍ	피읖	[p^h]	ㅍ	ㅍ	ㅍ	ㅍ
ㅎ	히읗	[h]	ㅎ	ㅎ	ㅎ	ㅎ

Syllables

ㅅ + ㅗ = 소

ㄹ + ㅣ = 리

연습

1. Listen carefully and repeat. 5

가 나 다 라 마 바 사

아 자 차 카 타 파 하

2. Read and write the following words. 6

Word		Practice		
나무		나무	나무	나무
사자		사자	사자	사자
바지		바지	바지	바지
허리		허리	허리	허리
구두		구두	구두	구두
머리		머리	머리	머리
비누		비누	비누	비누
바나나		바나나	바나나	바나나

Tip The letter 'ㄹ' in Korean is pronounced either [r] or [l].
1) Between two vowels it is pronounced as [r]. ex) 소리[sori]
2) In other cases it is pronounced as [l]. ex) 말[mal]

Part 2

한글 익히기 Learning Hangeul

03 모음(2) Vowels (2)

7

Following are 11 compound vowels composed of the 10 simple vowels.

Letter	Name	Phonetic value	Stroke order	Practice		
ㅐ	애	[ɛ]		ㅐ	ㅐ	ㅐ
ㅒ	얘	[jɛ]		ㅒ	ㅒ	ㅒ
ㅔ	에	[e]	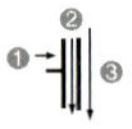	ㅔ	ㅔ	ㅔ
ㅖ	예	[je]	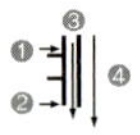	ㅖ	ㅖ	ㅖ
ㅘ	와	[wa]	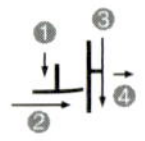	ㅘ	ㅘ	ㅘ
ㅙ	왜	[wɛ]	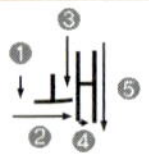	ㅙ	ㅙ	ㅙ
ㅚ	외	[we]		ㅚ	ㅚ	ㅚ
ㅝ	워	[wə]	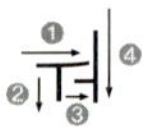	ㅝ	ㅝ	ㅝ
ㅞ	웨	[wø]	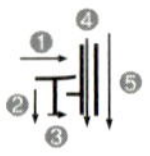	ㅞ	ㅞ	ㅞ
ㅟ	위	[wi]		ㅟ	ㅟ	ㅟ
ㅢ	의	[iɨ]		ㅢ	ㅢ	ㅢ

Tip

1) ㅐ와 ㅔ: Though their pronunciation is different, [ɛ] and [e] respectively, often no distinction is made between the two in ordinary speech.
2) ㅙ, ㅚ, ㅞ: Though the pronunciation of each is a little different, [wɛ], [we] or [wø] often no distinction is made in ordinary speech.

In all words and sentences the meaning changes according to the spelling, so care must be taken in writing the above vowels.

Syllables

ㄷ + ㅟ = 뒤

ㅎ + ㅘ = 화

연습

1. Listen and choose the correct answer.

(1) ① 워 ② 외 ③ 웨 (2) ① 애 ② 예 ③ 왜

(3) ① 뇌 ② 네 ③ 뉘 (4) ① 줘 ② 죄 ③ 쥐

(5) ① 배 ② 봐 ③ 뷔 (6) ① 개 ② 과 ③ 귀

2. Read and write the following words.

Word		Practice		
개		개	개	개
시계		시계	시계	시계
사과		사과	사과	사과
돼지		돼지	돼지	돼지
회사		회사	회사	회사
웨이터		웨이터	웨이터	웨이터
가위		가위	가위	가위
의사		의사	의사	의사
귀		귀	귀	귀
추워요		추워요	추워요	추워요

04 자음(2) Consonants (2)

10

The five double consonants ㄲ, ㄸ, ㅃ, ㅆ, ㅉ are formed by doubling the basic consonants.

Letter	Name	Phonetic value	Stroke order	Practice		
ㄲ	쌍기역	[kk]	①ㄲ②	ㄲ	ㄲ	ㄲ
ㄸ	쌍디귿	[tt]	①③ ②ㄸ④	ㄸ	ㄸ	ㄸ
ㅃ	쌍비읍	[pp]	③②⑤⑦ ①ㅃ⑥ ④⑧	ㅃ	ㅃ	ㅃ
ㅆ	쌍시옷	[ss]	③ ①ㅆ④ ②	ㅆ	ㅆ	ㅆ
ㅉ	쌍지읒	[cc]	①ㅉ④ ②③	ㅉ	ㅉ	ㅉ

Korean consonants can be classified as neutral, aspirated, and tense depending on syllable formation. This system is a unique feature of Korean. The neutral form has no strong release of air or tension, while aspirated consonants are accompanied by a strong release of air. Tense consonants are called so because they are pronounced with the tongue muscles tensed.

Articulation	Letter				
Neutral	ㄱ	ㄷ	ㅂ	ㅅ	ㅈ
Aspirated	ㅋ	ㅌ	ㅍ		ㅊ
Tense	ㄲ	ㄸ	ㅃ	ㅆ	ㅉ

Syllables

ㄲ + ㅏ = 까

ㄸ + ㅗ = 또

연습

1. Listen carefully and repeat. 11

까	따	빠	싸	짜
꼬	또	뽀	쏘	쪼
꾸	뚜	뿌	쑤	쭈

2. Read and write the following words. 12

Word		Practice		
토끼		토끼	토끼	토끼
찌개		찌개	찌개	찌개
코끼리		코끼리	코끼리	코끼리
아빠		아빠	아빠	아빠
꼬리		꼬리	꼬리	꼬리
짜다		짜다	짜다	짜다
쓰다		쓰다	쓰다	쓰다
예쁘다		예쁘다	예쁘다	예쁘다
차다		차다	차다	차다
타다		타다	타다	타다

05 받침 Final consonants

13

Final consonants are those used in the final position of a syllabic block. All consonants except for ㄸ, ㅃ, ㅉ can be used as final consonants, however they are not all pronounced as they are but change to one of the following 7 consonant sounds: [ㄱ], [ㄴ], [ㄷ], [ㄹ], [ㅁ], [ㅂ], [ㅇ].

Final consonant	Sound	Word example
ㄱ, ㅋ, ㄲ	[k]	책, 식사, 부엌, 밖, 섞다
ㄴ	[n]	산, 문, 손, 눈, 편지
ㄷ, ㅅ, ㅈ, ㅊ, ㅌ, ㅎ, ㅆ	[t]	듣다, 옷, 낮, 꽃, 끝, 파랗다, 있다
ㄹ	[l]	길, 말, 술, 쌀
ㅁ	[m]	밤, 몸, 삼, 솜
ㅂ, ㅍ	[p]	밥, 입, 잡다, 앞, 덮다
ㅇ	[ŋ]	강, 공, 방, 종, 총, 강아지

Tip In the case of double final consonants such as ㄵ, ㄶ, ㄼ, ㅄ, ㄺ, ㄻ sometimes the pronunciation follows the first consonant and sometimes the second.

Pronunciation following the first consonant: ㄵ, ㄶ, ㄼ, ㅄ
ex) 앉다[안따], 많다[만타], 여덟[여덜], 값[갑], 없다[업따]

Pronunciation following the second consonant: ㄺ, ㄻ
ex) 닭[닥], 밝다[박따], 맑다[막따], 삶[삼], 젊다[점따]

Syllables

ㄱ + ㅏ + ㅂ = 갑

ㅁ + ㅗ + ㄱ = 목

연습

1. Listen and choose the correct answer. 14

(1) ① 삼 ② 산 ③ 상　(2) ① 말 ② 만 ③ 맛
(3) ① 꽃 ② 꼭 ③ 꽁　(4) ① 밖 ② 밭 ③ 밥
(5) ① 밥 ② 방 ③ 반　(6) ① 길 ② 김 ③ 긴

2. Read and write the following words. 15

Word	Practice	Word	Practice
책 	책	부엌 	부엌
밖 	밖	산 	산
듣다 	듣다	옷 	옷
낮 	낮	꽃 	꽃
끝 	끝	말 	말
섬 	섬	몸 	몸
밥 	밥	앞 	앞
공 	공	방 	방

문장 만들기 Sentence building

Sentence building

16

Korean sentences are composed of 'subject + verb' or 'subject + object + verb.' The subject is indicated by the subject marker 이 or 가 and the object is indicated by the object marker 을 or 를. Sometimes the order of subject and object in a sentence is reversed, and in situations where the subject can be surmised it is often omitted.

아이가 잡니다

subject verb

제임스 씨가 커피를 마십니다.

subject object verb

The verb takes on various forms in the sentence. The verb forms are composed of a verb stem and an ending. For example, 가다 meaning 'to go' is composed of the stem 가- and the ending 다. Other endings are used to produce forms such as 가요, 갑니다, 갑니까, 갔습니다, 가겠습니다, 가세요 to express honorific use, tense, and mood. The rich variety of word stems and endings is a distinctive feature of the Korean language.

요코가 옵니다. Yoko is coming.

요코가 옵니까? Is Yoko coming?

요코가 왔습니까? Has Yoko come?

연습

1. Listen and choose the correct answer.

17

(1) ① 선생님이 갑니다. The teacher goes.
② 선생님이 갑니까? Does the teacher go?

(2) ① 제임스가 사과를 먹습니다. James eats an apple.
② 제임스가 바나나를 먹습니다. James eats a banana.

(3) ① 아이가 공부합니다. The child studies.
② 아이가 공부했습니다. The child studied.

(4) ① 돈이 있어요? Do you have money?
② 돈이 있어요. I have money.

2. Read the following sentences.

18

(1) 친구가 한국어를 공부합니다. My friend studies Korean.

(2) 아이가 빵을 좋아합니다. The child likes bread.

(3) 수지가 커피를 마십니다. Susie drinks coffee.

(4) 친구가 옵니다. My friend comes.

3. Use the following words to write sentences.

19

(1) 학생이 / 읽습니다 / 책을 a student / read / a book
→ 학생이 책을 읽습니다.

(2) 먹습니다 / 한국 사람이 / 김치를 eat / Koreans / kimchi
→ 한국 사람이 김치를 먹습니다.

(3) 선생님이 / 학생을 / 만납니다 a teacher / a student / meet
→ 선생님이 학생을 만납니다.

(4) 개가 / 갑니다 a dog / goes
→ 개가 갑니다.

제2과

소개

Introductions

제2과 소개 Introductions

Part 1

준비합시다 — 1 입니다, 입니까 2 은/는(topic)

말해 봅시다 — 인사 나누기
Greetings

Part 2

준비합시다 — 1 이/가 아닙니다 2 수 ①

말해 봅시다 — 자기 소개하기
Introducing yourself

Part 3

들어 봅시다 — 전화번호를 묻는 대화 듣기
Listening to someone ask for a phone number

읽고 써 봅시다 — 자기 소개의 글 읽고 쓰기
Reading and writing a self-introduction

CULTURE & LITERATURE

문화 알아보기 — 한국인의 이름과 호칭 Korean names and titles

문학 맛보기 — 시 Poem 「개구리」

Part 1

준비합시다

01 입니다, 입니까

20

~ formal of 이에요

사물이나 사람의 이름을 알려 주거나 물을 때 어떻게 말할까요?
How do we ask or give the names of people or objects?

한국어 책입니다.

A 선생님입니까?
B 네, 선생님입니다.

문법

N + 입니다, 입니까

입니다 is an honorific ending indicating an object, the name of a person or nationality. The question form is 입니까.

책상 + 입니다 → 책상입니다　　전화 + 입니까 → 전화입니까?

연습

다음 물건이 무엇인지 친구들과 서로 묻고 대답해 보세요.
With your classmates ask and give the names of the following objects.

보기

사전

A 사전입니까?
B 네, 사전입니다.

①

책상

②

의자

③

가방

④

공책

⑤

전화

⑥

연필

- 한국어 책 Korean language book
- 선생님 teacher
- 네 yes
- 사전 dictionary

what is doing the behavior?

02 은/는(topic)

사람이나 사물을 화제로 하여 소개할 때 어떻게 말할까요?
How do we introduce a person or object as the topic of a conversation?

해일리는 노래해요.
vs
Sub: 해일리가 노래해요.

김수진은 한국 사람입니다.

김수진은 학생입니다.

문법

N + 은/는

은/는 is a particle that indicates the topic of a sentence.

consonant + 은 예 마이클은, 선생님은
vowel + 는 예 요코는, 의자는

연습

다음 사람들의 국적, 직업을 말해 보세요.
Give the nationalities and occupations of the following people.

보기 마이클

미국 사람 / 회사원

마이클은 미국 사람입니다.
마이클은 회사원입니다.

① 요코

일본 사람 / 학생

② 장민수

한국 사람 / 은행원

③ 소피

프랑스 사람 / 영화배우

④ 나타샤

러시아 사람 / 주부

⑤ 바트

몽골 사람 / 요리사

⑥ 크리스

호주 사람 / 의사

- 한국 사람 **Korean**
- 학생 **student**
- 미국 사람 **American**
- 회사원 **office worker**
- 일본 사람 **Japanese**
- 은행원 **bank employee**
- 프랑스 사람 **French**
- 영화배우 **actor**
- 러시아 사람 **Russian**
- 주부 **housewife**
- 몽골 사람 **Mongolian**
- 요리사 **cook**
- 호주 사람 **Australian**
- 의사 **(medical) doctor**

Part 1

말해 봅시다

인사 나누기 Greetings

여러분은 오늘 처음 만났습니다. 서로 인사를 나누고 직업, 국적 등을 물어보세요.
You have met each other for the first time. Say hello and ask questions about each other's nationality and occupation etc.

Try it!

말풍선을 따라 대화를 구성해 보세요.
Look at the speech balloons and make up a dialogue.

박영민
Korean, office worker

요코
Japanese, student

1. 인사하기 / 이름 소개하기

안녕하세요
저 | 박영민

안녕하세요
저 | 요코

2. 국적 묻기

어느 나라 사람?

일본 사람

3. 직업 묻기

요코 씨 | 학생?

네, 학생

4. 직업 말하기

저 | 회사원

대화

박영민 안녕하세요? 저는 박영민입니다.
요코 안녕하세요? 저는 요코입니다.
박영민 어느 나라 사람입니까?
요코 일본 사람입니다.
박영민 요코 씨는 학생입니까?
요코 네, 학생입니다.
박영민 저는 회사원입니다.

22

발음 Nasalization ①

When the [ㅂ] sound is followed by ㄴ or ㅁ, the [ㅂ] is nasalized as [ㅁ].

입니다[임니다] 입니까[임니까]

표현

■ 만났을 때 인사하기 Greetings

A : 안녕하세요?
B : 안녕하세요?

A : 안녕하십니까?
B : 안녕하십니까?

A : 안녕?
B : 안녕?

Tip 안녕하세요, 안녕하십니까, and 안녕 are all greetings used when meeting someone, regardless of the time of day. 안녕하세요 is the honorific form used in informal everyday situations and 안녕하십니까 is the honorific form used on formal occasions. 안녕 is the casual form used between friends, colleagues and with subordinates or people younger than oneself. It is used when parting as well as when meeting.

■ 이름 소개하기 introducing your name

저는 요코입니다. / 제 이름은 요코입니다.

■ 국적 묻기 Asking someone's nationality

A : 어느 나라 사람입니까?
B : 일본 사람입니다.

A : 어디에서 왔습니까?
B : 일본에서 왔습니다.

확장

반 친구와 인사를 나누어 보세요.
Introduce yourself to a classmate.

안녕하세요 **hello** 저 **I (humble)** 어느 나라 **what country**

Part 2

준비합시다

01 이/가 아닙니다

23

다른 사람이 잘못 알고 있는 것을 고쳐 주려면 어떻게 말할까요?
Someone has incorrect information about you. How do you correct it?

A 마이클 씨, 캐나다 사람입니까?

B 아니요, 캐나다 사람이 아닙니다. 미국 사람입니다.

문법

N + 이/가 아닙니다

이/가 아닙니다 is used after a noun to indicate that one's name or nationality is not as stated. It is the negative form of 입니다.

consonant + 이 아닙니다 예 선생님이 아닙니다.
vowel + 가 아닙니다 예 주부가 아닙니다.

연습

다음을 보고 보기와 같이 말하세요.
Look at the table and ask questions as in the example.

보기	박영민	학생	(X)	회사원	(O)
①	요코	가수	(X)	학생	(O)
②	장민호	영화배우	(X)	은행원	(O)
③	티엔	태국 사람	(X)	베트남 사람	(O)
④	크리스	영국 사람	(X)	호주 사람	(O)
⑤	나타샤	미국 사람	(X)	러시아 사람	(O)

A 박영민 씨는 학생입니까?

B 아니요, 학생이 아닙니다. 회사원입니다.

- 캐나다 사람 Canadian
- 아니요 no
- 가수 singer
- 태국 사람 Thai
- 베트남 사람 Vietnamese
- 영국 사람 British

02 수 ①

24

전화번호, 자동차 번호 등의 숫자를 어떻게 읽을까요?
How are phone numbers, car registration numbers etc. expressed in Korean?

공일공 삼칠구일 칠이팔사

십칠

이구육육

수 Numbers (0~20)

0	1	2	3	4	5	6	7	8	9	10
공, 영	일	이	삼	사	오	육	칠	팔	구	십
	11	12	13	14	15	16	17	18	19	20
	십일	십이	십삼	십사	십오	십육	십칠	십팔	십구	이십

연습

전화번호를 묻고 대답해 보세요.
Ask for and give each other's phone numbers.

보기

마이클
010-2370-8845

① 요코 010-4353-9977
② 나타샤 011-2801-6689
③ 김수진 ☎ 02-3374-9765
④ 박영민 ☎ 031-228-1705
⑤ 왕카이 ☎ 070-276-3581
⑥ 서울여행사 1588-1177

전화번호 phone number
무엇 what

A 마이클 씨 전화번호는 무엇입니까?
B 공일공에 이삼칠공에 팔팔사오입니다.

Part 2

말해 봅시다

자기 소개하기 Introducing yourself

여러분은 오늘 학교에서 처음 만났습니다. 서로에게 자신을 소개하고 궁금한 것을 물어보세요. You have met each other at school today for the first time. Introduce yourselves and ask questions about each other.

Try it!

말풍선을 따라 대화를 구성해 보세요.
Look at the speech balloons and make up a dialogue.

나타샤
Russian, housewife

티엔
Vietnamese, student

1. 인사하기 / 이름 소개하기

- 안녕하세요 저 | 나타샤
- 안녕하세요 저 | 티엔

2. 국적 묻기

- 필리핀 사람?
- 필리핀 사람× 저 | 베트남 사람

3. 직업 묻기

- 아, 그래요? 무슨 일 | 하다?
- 학생 무슨 일 | 하다?

4. 인사하기

- 저 | 주부 만나서 반갑습니다
- 저도 만나서 반갑습니다

대화

나타샤	안녕하세요? 저는 나타샤입니다.
티엔	안녕하세요? 저는 티엔입니다.
나타샤	티엔 씨는 필리핀 사람입니까?
티엔	아니요, 필리핀 사람이 아닙니다. 저는 베트남 사람입니다.
나타샤	아, 그래요? 티엔 씨, 무슨 일을 합니까?
티엔	학생입니다. 나타샤 씨는 무슨 일을 합니까?
나타샤	저는 주부입니다. 만나서 반갑습니다.
티엔	저도 만나서 반갑습니다.

25

표현

- 직업 묻기 Asking someone's occupation

직업이 무엇입니까?
무슨 일을 합니까?

- 상대방의 이야기를 듣고 반응하기 Responding to someone

아, 그래요?
네, 그렇습니까?
그렇군요.

- 만났을 때 반가움 표현하기 Expressing pleasure at meeting someone

A : 만나서 반갑습니다.
B : 저도 만나서 반갑습니다.

확장

반 친구와 같이 세 사람이 서로 소개하는 대화를 해 보세요.
In a group of three, introduce yourselves and ask questions about each other.

· 필리핀 사람 **Philippines** · 무슨 일 **what work/job** · 만나다 **to meet** · 반갑다 **to be glad**

Part 3

들어 봅시다

전화번호를 묻는 대화 듣기 Listening to someone ask for a phone number

01 다음은 어디입니까? 교실, 사무실은 몇 호인지 말해 보세요.
Where is the student in the picture below? What is the room number of the classroom and the office?

02 친구에게 선생님 사무실과 전화번호를 물어보는 대화입니다. 잘 듣고 물음에 답하세요. A friend is asking where the teacher's office is and his/her phone number. Listen carefully to the conversation and answer the questions. 26

(1) 김 선생님 사무실은 어디입니까?

① 3층 6호 ② 3층 13호 ③ 2층 8호 ④ 2층 12호

(2) 김 선생님 전화번호는 무엇입니까? ☎ ______________________

표현

■ 감사 표현하기 Saying thank you

고맙습니다. 감사합니다. 고마워요.

■ 층, 호수 묻기 Asking which floor, what number

A: 교실은 몇 층입니까?
B: 5층입니다.

A: 교실은 몇 호입니까?
B: 14호입니다.

사무실 office
층 floor
호 number

읽고 써 봅시다

자기 소개의 글 읽고 쓰기 Reading and writing a self-introduction

01 다음 명함을 보고 이 사람에 대한 여러 정보를 찾아보세요.
Look at the business card below and find the key pieces of information.

이름 · 직업 · 전화번호 · 이메일 · 주소

이화여자대학교 언어교육원

영어 강사
Erik Park

서울시 서대문구 대현동 11-1
이화여자대학교 언어교육원
Tel. 02-3277-1145
Mobile 010-3379-9154
Email Parkerik@elc.ewha.ac.kr

02 자신을 소개하는 글입니다. 다음을 읽고 물음에 답하세요. 27
Read the self-introduction below and answer the questions.

안녕하십니까?
저는 에릭 박입니다.
미국에서 왔습니다.
재미교포입니다.
저는 영어 선생님입니다.
만나서 반갑습니다.

(1) 이 사람은 누구입니까?

(2) 맞는 것에 ✔표 하세요.

① 이 사람은 캐나다 사람입니다. 네 ______ 아니요 ______

② 이 사람은 한국어 선생님입니다. 네 ______ 아니요 ______

03 자신의 명함을 만들어 보세요. 그리고 그 내용으로 자신을 소개하는 글을 써 보세요.
Make your own business card and with the information on it write a self-introduction.

- 이름 **name**
- 직업 **occupation**
- 이메일 **email**
- 주소 **address**
- 재미교포 **Korean-American**
- 영어 **English**
- 누구 **who**

Korean names and titles 한국인의 이름과 호칭

한국 사람의 이름은 보통 세 글자인데, 성이 한 글자이고 이름이 두 글자입니다. 이름을 쓸 때는 먼저 성을 쓰고 그 다음에 이름을 씁니다. 다른 사람의 이름을 부를 때는 '씨'를 붙여서 '박영민 씨', '영민 씨'라고 부릅니다. 그렇지만 '박 씨'라고 부르지는 않습니다. 또한 '선생님, 사장님' 등의 직함을 사용하여 '박진영 선생님', '김영수 사장님'이라고 부릅니다.

Most Korean names are composed of three characters, one for the family name and two for the given name. The family name is written first. When calling someone else's name, '씨' is attached to the end, for example 박영민 씨 or 영민 씨. But '씨' is never attached to the family name alone. That is, you cannot call someone 박 씨, for example. When you are addressing a much older person or superior you should use an appropriate title such as '선생님' or '사장님', for example 박진영 선생님, or 김영수 사장님.

01 한국 사람의 성과 이름은 어떤 순서로 씁니까?
What is the correct order for writing Korean names?

02 여러분의 이름을 쓰고 성과 이름을 말해 보세요. 그리고 어떻게 부르는지 말해 보세요.
Write down your name and give your family name and given name. How should you be addressed?

01 다음 그림의 사물이나 동물에서는 어떤 소리가 날까요?
What sound does the animal or object in the picture make?

02 다음 시를 읽어 보세요. 그리고 이 시가 어떤 동물의 소리를 표현한 것인지 생각해 보세요. 28
Read the following poem and think what animal sound it expresses.

개구리

한하운(1920~1975)

가갸 거겨
고교 구규
그기 가

라랴 러려
로료 루류
르리 라

『한하운시집』, 인간사, 1956

03 여러분이 좋아하는 동물이나 사물의 소리를 한국어로 써 보세요.
In Korean, write the sound of an animal or object that you like.

개구리 **frog**

제3과

학교생활

School Life

제3과 학교생활 School Life

Part 1

- 준비합시다 — 1 -습니다, -습니까 2 이/가 3 을/를
- 말해 봅시다 — 한국 생활에 대해 말하기
  Talking about life in Korea

Part 2

- 준비합시다 — 1 날짜 2 에(direction)
- 말해 봅시다 — 수업 일정에 대해 말하기
  Talking about the timetable

Part 3

- 들어 봅시다 — 학교생활에 대한 대화 듣기
  Listening to a conversation about school life
- 읽고 써 봅시다 — 동아리 안내문 읽고 쓰기
  Reading and writing a notice about clubs

CULTURE & LITERATURE

- 문화 알아보기 — 한국의 교육 제도 The Korean education system
- 문학 맛보기 — 시 Poem 「일요일 행진곡」

Part 1

준비합시다

01 -습니다, -습니까

29

사람들이 무엇을 하는지 묻고 답하거나, 사물이 어떠한지 묻고 답할 때 어떻게 말할까요?
How do we ask and answer questions about what people are doing or what they think of an object?

A 요코 씨, 공부합니까?
B 네, 공부합니다.

A 재미있습니까?
B 네, 재미있습니다.

문법

A/V + 습니다, 습니까

-습니다 is an honorific ending used after an adjective or verb to state a fact or one's thoughts. The question form is 습니까.

consonant + 습니다, 습니까 예 먹습니다, 먹습니까
vowel, ㄹ + ㅂ니다, ㅂ니까 예 공부합니다, 공부합니까, 삽니다, 삽니까

연습

다음 그림을 보고 묻고 대답해 보세요.
Look at the pictures and ask and answer the questions.

보기

자다

A 잡니까?
B 네, 잡니다.

① 
운동하다

② 
먹다

③ 
전화하다

④ 
쉬다

⑤ 
비싸다

⑥ 
맛있다

공부하다 to study
재미있다 to be fun
자다 to sleep

02 이/가

누가 전화를 합니까? 무엇이 많습니까?
Who is on the telephone? What is there a lot of?

요코가 전화합니다.

책이 많습니다.

문법

N + 이/가

이/가 is a particle that indicates the subject of a sentence.

consonant + 이 　예 학생이, 마이클이
vowel + 가 　예 친구가, 아이가

연습

다음 그림을 보고 문장을 만들어 보세요.
Look at the pictures and write a sentence following the given example.

보기

영화/재미없다

영화가 재미없습니다.

①

요코/자다

②

미셸/가다

③

아이/오다

④

빵/맛있다

⑤

모자/싸다

⑥

바지/작다

- 전화하다 to make a phone call
- 책 book
- 많다 to be a lot of
- 영화 movie
- 재미없다 to be boring

Part 1

03 을/를

31

요코가 무엇을 듣습니까? 마이클이 무엇을 공부합니까?

What does Yoko listen to? What does Michael study?

요코가 음악을 듣습니다. **마이클이 한국어를 공부합니다.**

문법

N + 을/를

을/를 is a particle that indicates the object of a sentence.

consonant + 을 예 책을

vowel + 를 예 우유를

연습

다음 그림을 보고 묻고 대답해 보세요.

Look at the following pictures and ask and answer the questions.

보기 미셸

김밥/먹다

A 미셸이 무엇을 합니까?

B 김밥을 먹습니다.

① 마이클

영화/보다

② 나타샤

신문/읽다

③ 요코

옷/입다

④ 진차오

커피/마시다

⑤ 티엔

친구/기다리다

⑥ 리처드

컴퓨터/배우다

음악 music
듣다 to listen
김밥 kimbab (rice rolled in dried laver)

어휘

학교생활 School life

32

공부하다

질문하다

대답하다

책을 읽다

수업을 시작하다

수업이 끝나다

한국어를 배우다

한국어를 가르치다

숙제하다

쉬다

이야기하다

친구를 만나다

말해 봅시다

한국 생활에 대해 말하기 Talking about life in Korea

여러분은 한국에 처음 온 친구를 만났습니다. 그 친구에게 한국 생활과 한국어 공부가 어떤지 물어보세요. You've met someone who has come to Korea for the first time. Ask about his/her life here and Korean language studies.

Try it!

말풍선을 따라 대화를 구성해 보세요.
Look at the speech balloons and make up a dialogue.

왕카이
Ask about your friend's life and his studies in Korea.

마이클
Talk about your life in Korea.

1. 한국 생활에 대해 묻기

한국 생활 | 어떻다?

재미있다

2. 요즘 하는 일 묻기

요즘 무엇 | 하다?

한국어 | 배우다

3. 한국어 공부에 대해 묻기

한국어 공부 | 재미있다?

네. 그렇지만 조금 어렵다

대화

33

왕카이 마이클 씨, 한국 생활이 어떻습니까?
마이클 재미있습니다.
왕카이 요즘 무엇을 합니까?
마이클 한국어를 배웁니다.
왕카이 한국어 공부가 재미있습니까?
마이클 네, 재미있습니다. 그렇지만 조금 어렵습니다.

발음 **Liaison ①**

When the final consonant of a syllable is followed by a vowel, this final consonant is pronounced together with the vowel of the following syllable.

한국어[한구거] 무엇을[무어슬]

표현

- 한국 생활에 대해 묻기 Asking about life in Korea

A: 한국 생활이 어떻습니까?
B: 재미있습니다.
재미없습니다.
좋습니다.
즐겁습니다.

확장

반 친구와 한국 생활, 한국어 공부에 대해 서로 묻고 대답해 보세요.
With your classmates, ask and answer the questions about each other's life in Korea and Korean language studies.

생활 life 어떻다 to be how 요즘 these days 공부 study 그렇지만 but 조금 a little bit 어렵다 to be difficult

Part 2

준비합시다

01 날짜

34

한국어로 날짜를 어떻게 말할까요?
How do we say the date in Korean?

A 오늘이 며칠입니까?

B 일월 팔 일입니다.

A 생일이 언제입니까?

B 시월 이십 일입니다.

월 Month

1월	2월	3월	4월	5월	6월	7월	8월	9월	10월	11월	12월
일월	이월	삼월	사월	오월	유월	칠월	팔월	구월	시월	십일월	십이월

일 Day

1일	5일	10일	15일	20일	25일	30일	31일
일 일	오 일	십 일	십오 일	이십 일	이십오 일	삼십 일	삼십일 일

문법

날짜 (date)

The date is expressed by using the numbers 일, 이, 삼, 사. To say what month it is, you need to attach 월 to the number, for example 일월, 이월, 삼월. To say what day it is, you need to attach 일 to the number, for example 일 일, 이 일, 십 일.

연습

수첩과 달력을 보고 날짜를 묻고 대답해 보세요.
Ask and answer the questions about the date based on the calendar and your diary.

보기

수잔 씨 생일

5월 15일

A 수잔 씨 생일이 언제입니까?

B 오월 십오 일입니다.

① 설날

1월 1일

② 시험

4월 19일

③ 친구 결혼식

6월 30일

④ 문화 수업

10월 7일

⑤ 크리스마스

12월 25일

⑥ 졸업식

2월 24일

- 오늘 today
- 며칠 what date
- 언제 when
- 생일 birthday
- 설날 New Year's Day
- 시험 exam
- 결혼식 wedding ceremony
- 문화 수업 culture study class
- 크리스마스 Christmas
- 졸업식 graduation

02 에(direction)

35

여러분은 어디에 자주 갑니까? 오고 가는 목적지를 말할 때 어떻게 말할까요?
Where do you go often? How do we express where we are going to and from?

A 요코 씨가 어디에 갑니까?

B 학교에 갑니다.

문법

N + 에

에 is a particle attached to a noun to indicate where one is going, in other words, one's destination. It is used with verbs such as 가다, 오다, 다니다.

학교 + 에 → 학교에　　집 + 에 → 집에

연습

다음 그림을 보고 사람들이 어디에 가는지 묻고 대답해 보세요.
Look at the following pictures and ask and answer the questions about where the people are going.

보기

기숙사

A 어디에 갑니까?

B 기숙사에 갑니다.

①

교실

②

식당

③

도서관

④

화장실

⑤

서점

⑥

집

- 어디 where
- 학교 school
- 기숙사 dormitory

Part 2

말해 봅시다

수업 일정에 대해 말하기 Talking about the timetable

같은 반 친구가 여러분에게 이번 학기의 수업 일정에 대해 묻습니다. 친구에게 수업 일정에 대해 이야기해 주세요. A classmate asks you about the timetable for this semester. Tell him about it.

Try it!

말풍선을 따라 대화를 구성해 보세요.
Look at the speech balloons and make up a dialogue.

왕카이
Ask about the timetable.

이치로
Answer questions about the timetable.

1. 시험 날짜 묻기

한국어 시험 | 언제?

10월 13일

2. 시험 요일 묻기

무슨 요일?

월요일

3. 문화 수업 날짜 묻기

문화 수업 | 며칠?

11월 7일

4. 문화 수업 장소 묻기

어디 | 가다?

경복궁 | 가다

대화

36

왕카이 이치로 씨, 한국어 시험이 언제입니까?
이치로 10월 13일입니다.
왕카이 무슨 요일입니까?
이치로 월요일입니다.
왕카이 문화 수업이 며칠입니까?
이치로 11월 7일입니다.
왕카이 어디에 갑니까?
이치로 경복궁에 갑니다.

표현

- 날짜 묻기 Asking the date

  A: 문화 수업이 며칠입니까?
  B: 5월 4일입니다.

- 요일 묻기 Asking the day of the week

  A: 무슨 요일입니까?
  B: 월요일입니다.

- 요일 Days of the week

일요일 Sunday	월요일 Monday	화요일 Tuesday	수요일 Wednesday	목요일 Thursday	금요일 Friday	토요일 Saturday
		1	2	3	4	5
6	7					

확장

반 친구와 시험, 문화 수업, 다음 학기 시작 등의 날짜를 서로 묻고 대답해 보세요.
With your classmates, ask and answer the questions about dates for exams, culture study classes, and the start of the next semester.

한국어 시험 **Korean language exam** 무슨 요일 **what day** 경복궁 **Gyeongbokgung (Palace)**

들어 봅시다

학교생활에 대한 대화 듣기 Listening to a conversation about school life

01 두 사람이 학교에서 우연히 만났습니다. 두 사람은 어디에 가는 것 같습니까?
Two friends have met by chance at school. Where do you think they are going?

02 학교에서 만난 친구와의 대화입니다. 잘 듣고 물음에 답하세요. 37
Two friends are chatting at school. Listen carefully to the conversation and answer the questions.

(1) 김정우 씨는 요즘 무엇을 합니까?

① 책을 읽습니다.

② 컴퓨터를 배웁니다.

③ 한국어를 공부합니다.

(2) 이치로 씨는 지금 어디에 갑니까?

① 교실

② 식당

③ 도서관

(3) 시험이 언제입니까?

____

읽고 써 봅시다

동아리 안내문 읽고 쓰기 Reading and writing a notice about clubs

01 다음은 어떤 동아리에 대한 안내입니까? 다음 안내 포스터를 보고 이야기해 보세요.
What kind of clubs are the notices talking about? Look at and discuss the club notices below.

02 영화 동아리 모임을 안내하는 글입니다. 다음을 읽고 물음에 답하세요. 38
Read the following notice about a film club and answer the questions.

영화 동아리 모임

영화 동아리 모임이 있습니다.
한국 영화 '친구'를 봅니다.

- 날짜: 6월 9일 (월)
- 시간: 한국어 수업 후 오후 2시
- 장소: 도서관 3층 휴게실

(1) 맞는 것에 ✓표 하세요.

① 미국 영화를 봅니다. 네 _____ 아니요 _____

② 한국어 수업이 6월 9일에 있습니다. 네 _____ 아니요 _____

(2) 모임 장소는 어디입니까?

① 교실 ② 영화관 ③ 휴게실

03 여러분은 어떤 동아리 활동을 하고 싶습니까? 하고 싶은 동아리의 모임을 알리는 안내문을 써 보세요. What clubs are you interested in? Choose a club you would like to join and write a notice for a meeting of that club.

- 사진 photo
- 동아리 club
- 태권도 taekwondo
- 모임 meeting
- 시간 time
- 수업 후 after class
- 오후 afternoon
- 2시 two o'clock
- 장소 place
- 3층 third floor
- 휴게실 lounge
- 영화관 cinema

문화 알아보기

The Korean education system 한국의 교육 제도

한국의 학제는 초등학교 6년, 중학교 3년, 고등학교 3년, 대학교 4년입니다. 그런데 요즘에는 보통 초등학교에 입학하기 전에 유치원을 1~2년 다니기도 합니다. 초등학교를 만 7~12세, 중학교를 만 13~15세, 고등학교를 만 16~18세에 다닌 후 대학교에 진학하기도 하고 취업을 하기도 합니다. 그리고 대학교 졸업 후 학업을 지속하고 싶은 사람은 대학원에 진학합니다. 모든 학교는 3월과 9월에 시작하는 2학기제이고, 여름방학과 겨울방학이 있습니다.

The Korean school system is comprised of six years of elementary school, three years of junior high school, three years of senior high school, and four years of university. These days most children attend kindergarten for one or two years before starting school. Students attend elementary school from the ages of 7–12, junior high from 13–15, senior high from 16–18, and then go on to university or enter workforce. Those who wish to study further after graduating from university go on to graduate school. The academic year has two semesters, which begin in March and September, as well as summer and winter holidays.

01 한국에서 초등학교를 졸업한 후 어떤 순서로 진학합니까?
Describe the Korean education system after elementary school.

02 여러분 나라의 교육 제도를 한국과 비교해서 이야기해 보세요.
Compare your country's education system with the Korean education system.

문학 맛보기

01 다음 사진 중에서 일요일과 관계있는 것은 무엇일까요? 친구들과 이야기해 보세요.
Of the photos below, which one brings Sunday to mind? Discuss with your friends.

02 다음은 「일요일 행진곡」입니다. 시를 낭송하면서 감상해 보세요.
Read and reflect on the following poem "일요일 행진곡".

39

일요일 행진곡

김기림(1908~?)

월(月)
화(火)
수(水)
목(木)
금(金)
토(土)

(중략)

우리들의
유쾌한
하늘과 하루

일요일
일요일

『태양의 풍속』, 학예사, 1939

03 여러분이 좋아하는 요일은 언제이며 그 이유는 무엇인지 친구들과 이야기해 보세요.
With your friends discuss which day of the week you like best and why.

행진곡 **march** 중략 **omission** 우리들의 **our** 유쾌한 **pleasant** 하늘 **sky** 하루 **(one) day**

제4과

집

Home

제 4 과 집 Home

Part 1

준비합시다 — 1 이, 그, 저 2 에(location) 3 하고, 과/와

말해 봅시다 — 기숙사 시설 위치 알려 주기
Explaining where things are in the dormitory

Part 2

준비합시다 — 1 -(으)세요 2 (으)로(direction)

말해 봅시다 — 장소 위치 설명하기
Explaining the location of a place

Part 3

들어 봅시다 — 물건 위치를 묻는 대화 듣기
Listening to someone ask the location of objects

읽고 써 봅시다 — 집 소개의 글 읽고 쓰기
Reading and writing the description of a house

CULTURE & LITERATURE

문화 알아보기 — 온돌 Ondol

문학 맛보기 — 시 Poem 「섬」

Part 1

준비합시다

01 이, 그, 저

40

물건을 가리킬 때 말하는 사람과 듣는 사람의 거리에 따라 물건을 지시하는 말을 다르게 사용합니다. 어떻게 말할까요? When indicating an object, the demonstrative used differs according to how close the object is to the speaker or the listener.

이 책이 한국어 책입니다.

그 책이 일본어 책입니다.

저 책이 중국어 책입니다.

문법

이, 그, 저 + N

이, 그, 저 are demonstrative adjectives used in front of the noun to indicate an object, place, or time. 이 is used when the object is closer to the speaker, while 그 is used when it is closer to the listener from the view of the speaker. 저 is used when the object is far away from both the speaker and the listener.

이 사람, 그 사람, 저 사람

연습

다음 그림을 보고 요코에게 가까이 있는 것부터 '이', '그', '저'를 사용해서 묻고 대답해 보세요. Look at the picture and ask and answer the questions using 이, 그, 저 from the perspective of Yoko.

- 일본어 책 Japanese language book
- 중국어 책 Chinese language book
- 이것 this
- 그것 that, it
- 저것 that
- 탁자 table
- 침대 bed
- 소파 sofa
- 책장 bookcase
- 옷걸이 clothes hanger

보기 책상, 탁자, 침대

① 의자, 소파, 가방

② 책장, 전화, 책

③ 컴퓨터, 신문, 옷걸이

A 이것이 무엇입니까?	**A** 그것이 무엇입니까?	**A** 저것이 무엇입니까?
B 책상입니다.	**B** 탁자입니다.	**B** 침대입니다.

02 에(location)

물건이 있는 장소나 위치를 말할 때 어떻게 말할까요?
How do we indicate where an object is?

A 신문이 어디에 있습니까?

B 책상 위에 있습니다.

문법

N + 에

에 is a particle attached to a noun to indicate a place or a location.

방 + 에 → 방에　　의자 위 + 에 → 의자 위에

연습

다음 그림을 보고 물건들이 어디에 있는지 묻고 대답해 보세요.
Look at the picture and ask and answer the questions about where the objects are.

보기 우산

① 시계　② 공책
③ 사전　④ 전자사전
⑤ 필통　⑥ 연필

A 우산이 어디에 있습니까?

B 소파 옆에 있습니다.

- 있다 (there) to be
- 위 on
- 우산 umbrella
- 시계 watch
- 전자사전 electronic dictionary
- 필통 pencil case
- 옆 beside

03 하고, 과/와

집에 여러 물건과 가구들이 있습니다. 두 개 이상의 사물들을 열거할 때 어떻게 말할까요? The house is filled with furniture and many other objects. How do we talk about two or more objects together?

A 방에 무엇이 있습니까?
B 책상과 의자가 있습니다.

A 책상 위에 무엇이 있습니까?
B 시계하고 전화가 있습니다.

문법

N + 하고, 과/와

하고, 과/와 are particles used to enumerate people or objects.

consonant, vowel + 하고	예 책하고, 의자하고
consonant + 과	예 책과, 연필과, 가방과
vowel + 와	예 의자와, 사과와, 우유와

연습

다음 그림을 보고 거실과 방에 어떤 물건들이 있는지 말해 보세요.
Look at the pictures and list the objects in the living room and the bedroom.

A 거실에 무엇이 있습니까?
B 탁자와 소파가 있습니다.

A 방에 무엇이 있습니까?
B 침대와 화장대가 있습니다.

방 room
거실 living room
화장대 dressing table

어휘

위치 Location 43

안

위

밑(아래)

옆

앞/뒤

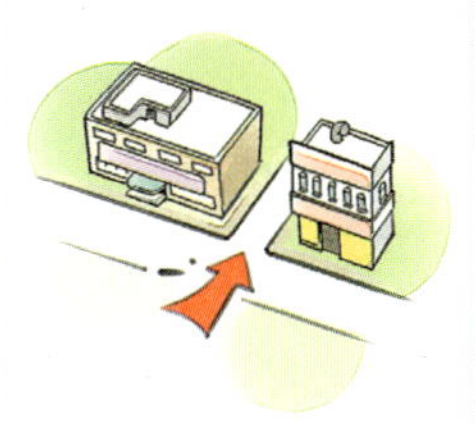
A와/과 B 사이

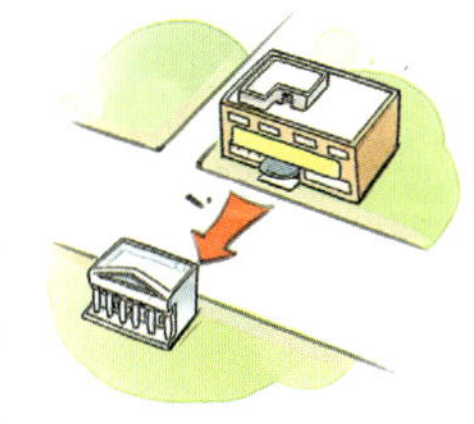
건너편/맞은편

바로 옆

Part 1

말해 봅시다

기숙사 시설 위치 알려 주기 Explaining where things are in the dormitory

여러분은 기숙사에 새로 이사 온 친구를 만났습니다. 그 친구에게 기숙사 시설들의 위치를 알려 주세요. You've just met a student who has newly moved into the dormitory. Show the student around and point out where things are.

Try it!

말풍선을 따라 대화를 구성해 보세요.
Look at the speech balloons and make up a dialogue.

수진
Show where things are in the dormitory.

미셸
Ask where things are in the dormitory.

1. 방 위치 묻기

안녕하세요

이 방 | 수진 씨 방?

2. 세탁실 위치 묻기

아니요, 마사코 씨 방

세탁실 | 어디 | 있다?

3. 휴게실 위치 묻기

지하 1층 | 있다
매점 옆 | 있다

휴게실 | 어디 | 있다?

4. 휴게실 위치 알려 주기

2층 | 있다
2층 | 휴게실+컴퓨터실 | 있다

앞으로 잘 부탁하다

대화

44

수진	미셸 씨, 안녕하세요?
미셸	안녕하세요? 이 방이 수진 씨 방입니까?
수진	아니요, 마사코 씨 방입니다.
미셸	수진 씨, 세탁실이 어디에 있습니까?
수진	지하 1층에 있습니다. 매점 옆에 있습니다.
미셸	휴게실이 어디에 있습니까?
수진	2층에 있습니다. 2층에 휴게실하고 컴퓨터실이 있습니다.
미셸	고맙습니다. 앞으로 잘 부탁합니다.

발음 **Tensification ①**

When characters beginning with ㄱ, ㄷ, ㅂ, ㅅ, ㅈ are preceded by the final sounds [ㄱ], [ㄷ], [ㅂ] the sound becomes tensed, changing their pronunciation to [ㄲ], [ㄸ], [ㅃ], [ㅆ], [ㅉ] respectively.

있습니다[읻씀니다] 세탁실[세탁씰]

표현

■ 시설 위치 묻기 Asking the locations of facilities

A: 세탁실이 어디에 있습니까?
B: 지하에 있습니다.

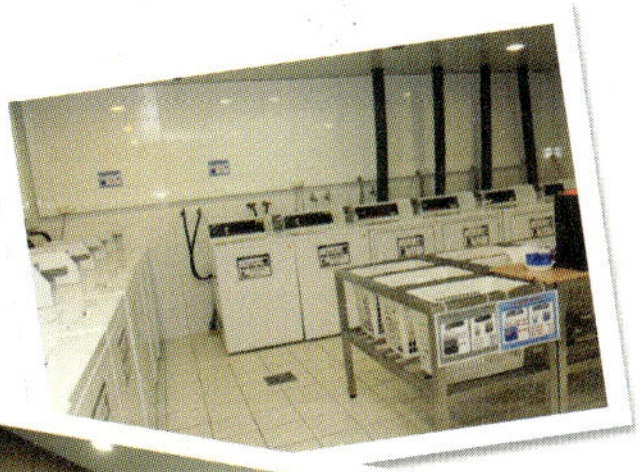

■ 부탁하기 Formal expression asking for good will

잘 부탁합니다.
잘 부탁드립니다.
앞으로 잘 부탁합니다.

확장

반 친구와 학교 시설의 위치에 대해 말해 보세요.
Describe to a classmate the locations of facilities at school.

· 세탁실 laundry · 지하 basement · 매점 store · 컴퓨터실 computer room · 고맙다 to thank (you)
· 앞으로 in the future · 잘 부탁하다 (I) hope you can help me out around here

Part 2

준비합시다

01 –(으)세요

교실에서 선생님이 학생들에게 지시할 때 어떻게 말할까요?
Give instructions or orders as a teacher in the classroom.

왕카이 씨, 이름을 쓰세요.

요코 씨, 크게 말하세요.

문법

V + (으)세요

–(으)세요 is attached to a verb to instruct or request someone to do something.

consonant + 으세요 예 읽으세요, 앉으세요
vowel, ㄹ + 세요 예 가세요, 사세요

연습

선생님이 학생에게 다음과 같이 지시합니다. 그림을 보고 말해 보세요.
Look at the pictures. What does the teacher say to the students in these situations?

보기

책을 펴다

A 여러분, 책을 펴세요.
B 네, 알겠습니다.

① 
책 15쪽을 읽다

② 
책을 덮다

③ 
일어서다

④ 
대답하다

⑤ 
앉다

⑥ 
조용히 하다

- 쓰다 to write
- 크게 말하다 to speak up
- 여러분 everyone
- 펴다 to open
- 알겠다 I see
- 쪽 page
- 덮다 to close
- 일어서다 to stand
- 앉다 to sit
- 조용히 하다 to be quiet

02 (으)로(direction)

46

길을 모르는 상대방에게 목적지의 방향을 알려 줄 때는 어떻게 말할까요?
How do we give directions to a particular destination?

A 실례합니다. 은행이 어디에 있습니까?

B 오른쪽으로 가세요. 우체국 옆에 있습니다.

문법

N + (으)로

(으)로 is a particle attached to a noun describing a place or a direction.

consonant + 으로 예 빵집으로, 옆으로
vowel, ㄹ + 로 예 학교로, 길로

연습

다음 지도의 장소를 보고 상대방에게 목적지의 방향을 알려 주세요.
Look at the map and give directions to each of the places indicated.

- 실례하다 **to excuse**
- 은행 **bank**
- 오른쪽 **right**
- 우체국 **post office**
- 왼쪽 **left**
- 빵집 **bakery**
- 백화점 **department store**
- 병원 **hospital**
- 약국 **pharmacy**
- 편의점 **convenience store**

보기 영화관

① 우체국 ② 빵집
③ 백화점 ④ 병원
⑤ 약국 ⑥ 편의점

A 실례합니다. 영화관이 어디에 있습니까?

B 왼쪽으로 가세요. 학교 옆에 있습니다.

Part 2

말해 봅시다

장소 위치 설명하기 Explaining the location of a place

길에서 모르는 사람이 여러분에게 서점의 위치를 묻습니다. 그 사람에게 서점의 위치를 설명해 주세요. On the street, someone asks you where the bookstore is. Give directions to the bookstore.

Try it!

말풍선을 따라 대화를 구성해 보세요.
Look at the speech balloons and make up a dialogue.

마이클 Ask where the bookstore is.	김정우 Give directions to the bookstore.

1. 서점 위치 묻기

실례합니다
이 근처 | 서점 | 있다?

네
지하철역 근처 | 있다

2. 서점 위치 설명하기

여기 | 어떻게 가다?

똑바로 가다
그리고 오른쪽 | 가다
우체국 맞은편 | 서점 | 있다

3. 거리 묻기

여기 | 가깝다?

가깝다

4. 인사하기

정말 고맙다

대화

마이클 저, 실례합니다. 이 근처에 서점이 있습니까?

김정우 네. 지하철역 근처에 있습니다.

마이클 여기에서 어떻게 갑니까?

김정우 똑바로 가세요. 그리고 오른쪽으로 가세요.
우체국 맞은편에 서점이 있습니다.

마이클 여기에서 가깝습니까?

김정우 네, 가깝습니다.

마이클 정말 고맙습니다.

47

표현

■ 장소 위치 묻기 Asking the location of a place

근처에 서점이 있습니까?
서점이 어디에 있습니까?
서점에 어떻게 갑니까?

■ 방향 지시하기 Giving directions

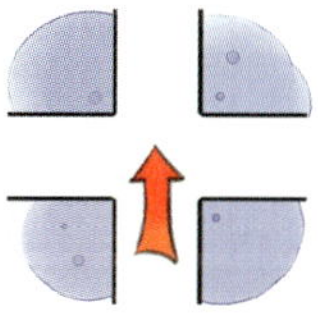

똑바로 가세요.
곧장/쭉 가세요.

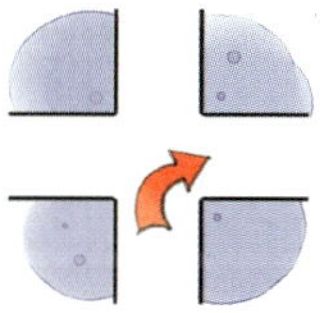

오른쪽으로 가세요.

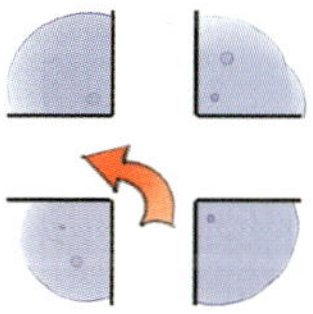

왼쪽으로 가세요.

확장

반 친구와 학교 근처에 있는 여러 장소의 위치에 대해 말해 보세요.
With your classmates discuss the locations of various places near the school.

· 근처 near · 지하철역 subway station · 여기 here · 어떻게 how · 똑바로 straight · 그리고 and · 가깝다 to be close
· 정말 really

Part 3

들어 봅시다

물건 위치를 묻는 대화 듣기 Listening to someone ask the location of objects

01 다음은 사무실 모습입니다. 사무실에 무엇이 있는지 말해 보세요.
Look at the office in the picture. Talk about the things that are in the office.

02 마이클이 박영민에게 전화해서 물건 위치를 묻는 대화입니다. 잘 듣고 물음에 답하세요. Michael phones Park Youngmin and asks where something is. Listen carefully to the conversation and answer the questions. 48

(1) 물건들이 어디에 있습니까? 아래 그림에 번호를 쓰세요.

① 지갑　　② 열쇠

(2) 맞는 것에 ✔표하세요.

① 마이클 씨가 집에 있습니다. 네 ______ 아니요 ______

② 마이클 씨와 박영민 씨는 회사 동료입니다. 네 ______ 아니요 ______

물건 objects
지갑 wallet
열쇠 key
회사 company
동료 colleague

읽고 써 봅시다

집 소개의 글 읽고 쓰기 Reading and writing the description of a house

01 다음은 이층집 모습입니다. 집 안 곳곳을 뭐라고 부르는지 말해 보세요. Below is a picture of a two-story house. What do we call the different rooms in the house?

거실 · 침실 · 욕실 · 부엌 · 서재

02 집을 소개하는 글입니다. 다음을 읽고 물음에 답하세요. 49
Read the description of a house below and answer the questions.

우리 집

우리 집은 이층집입니다. 1층에 거실과 부엌과 서재가 있습니다. 거실에 피아노가 있습니다. 서재에 책상과 컴퓨터가 있습니다. 2층에 부모님 침실과 욕실이 있습니다. 그리고 제 방과 동생 방이 있습니다. 집 앞에 정원이 있습니다. 정원에 나무와 꽃이 있습니다. 우리 집은 멋있습니다. 우리 집에 한번 놀러 오세요.

(1) 서재에 무엇이 있습니까? ________________

(2) 집 앞에 무엇이 있습니까? ________________

(3) 맞는 것에 ✓표 하세요.

① 욕실은 2층에 있습니다. 네 _____ 아니요 _____

② 피아노는 침실에 있습니다. 네 _____ 아니요 _____

③ 거실하고 부엌이 1층에 있습니다. 네 _____ 아니요 _____

- 침실 bedroom
- 욕실 bathroom
- 부엌 kitchen
- 서재 study
- 이층집 two-story house
- 우리 our
- 피아노 piano
- 부모님 parents
- 동생 little brother/sister
- 정원 garden
- 나무 tree
- 꽃 flower
- 멋있다 to be nice
- 한번 once
- 놀러 오다 to come over

03 여러분의 집에 무엇이 있습니까? 여러분의 집을 소개하는 글을 써 보세요.
What is your house like? Write a short passage describing your house.

문화 알아보기

한국 집의 난방 장치는 온돌입니다. 온돌은 부엌 아궁이에서 불을 때면 화기가 방 밑을 통하여 방을 덥게 합니다. 온돌은 열 효율성이 높아서 온기가 오래갑니다. 온돌 덕분에 추운 겨울에도 집에서 따뜻하게 지낼 수 있습니다. 온돌은 한국의 전통 집에서뿐만 아니라 오늘날 아파트에서도 현대화되어 사용됩니다. 그래서 한국 사람들은 방이나 거실에 앉아서 생활합니다.

Ondol is a Korean heating system. A fire is made in the kitchen furnace and the hot air is channeled through flues under the floor to heat the other rooms in the house. Ondol is a highly efficient system as the heat lasts a long time. Thanks to the ondol system, houses can be kept nice and warm throughout the cold winter. It has not only been used in traditional houses but has been adapted for use in modern apartments. That's why Koreans sit on the floor rather than on chairs.

01 왜 한국 사람들은 방이나 거실에 앉아서 생활해 왔을까요?
Why have Koreans always sat on the floor rather than on chairs?

02 여러분 나라 집의 난방 장치는 무엇입니까?
What kind of heating system is used in houses in your country?

01 사람과 사람 사이에 있는 사물은 무엇이며 그 의미는 무엇일까요?
What are the different objects between the people in the pictures and what do they represent?

02 다음은 「섬」입니다. 시를 낭송하면서 감상해 보세요.
Read and reflect on the following poem "섬".

50

섬

정현종(1939~)

사람들 사이에 섬이 있다
그 섬에 가고 싶다

『나는 별 아저씨』, 문학과 지성사, 1978

03 사람과 사람 사이에 무엇이 있다고 생각합니까? 여러분의 생각을 표현해 보세요.
What relations do you think exist between people? Write down your own thoughts.

사람들 사이에 ______________________

______________________ 고 싶다.

섬 island 사람들 people 가고 싶다 to want to go

제5과

하루 일과

Daily Schedule

제 5 과 하루 일과 Daily Schedule

Part 1

준비합시다 — 1 수 ② 2 시간 3 에(time)

말해 봅시다 — 스포츠센터 프로그램 정보 얻기
Getting information about programs at the sports center

Part 2

준비합시다 — 1 부터~까지 2 −아/어요

말해 봅시다 — 하루 일과 말하기
Explaining your daily schedule

Part 3

들어 봅시다 — 하숙집 생활에 대한 대화 듣기
Listening to a conversation about life in a boarding house

읽고 써 봅시다 — 하루 일과에 대한 글 읽고 쓰기
Reading and writing about your daily schedule

CULTURE & LITERATURE

문화 알아보기 — 한국인과 수 Koreans and numbers

문학 맛보기 — 시조 Sijo 「오륙도」

Part 1

준비합시다

01 수 ②

한국어로 물건의 수를 어떻게 셀까요?
How are objects counted in Korean?

하나

둘

셋

넷

수 Numbers (하나～열)

1	●	하나	6	●●●●●●	여섯
2	●●	둘	7	●●●●●●●	일곱
3	●●●	셋	8	●●●●●●●●	여덟
4	●●●●	넷	9	●●●●●●●●●	아홉
5	●●●●●	다섯	10	●●●●●●●●●●	열

문법

수

When counting objects or people the numbers 하나, 둘, 셋, 넷 are used. The unit for counting objects is 개 and when attached after the number 하나, 둘, 셋, 넷 become 한, 두, 세, 네.

하나 + 개 → 한 개　　둘 + 개 → 두 개　　셋 + 개 → 세 개　　넷 + 개 → 네 개

연습

교실에 의자가 몇 개 있습니까? 교실에 있는 물건들을 세어 보세요.
How many chairs are there in the classroom? Count different objects in the classroom.

보기

A 의자가 몇 개 있습니까?
B 네 개 있습니다.

① 
전자사전

② 
우산

③ 
벽시계

④ 
안경

⑤ 
책상

⑥ 
가방

몇 how many
개
unit for counting thing

02 시간

52

한국어로 시간은 어떻게 말할까요?
How do we tell the time in Korean?

A 지금 몇 시입니까?

B 아홉 시 십 분입니다.

시간 Time

한 시 | 두 시 | 세 시 | 네 시 | 다섯 시

여섯 시 십오 분 | 일곱 시 삼십 분 / 일곱 시 반 | 여덟 시 사십오 분 / 아홉 시 십오 분 전 | 열 시 오십오 분 / 열한 시 오 분 전 | 열두 시

문법

시간

The time is expressed as 한 시, 두 시, 세 시, 네 시, 다섯 시. The minutes are expressed as 일 분, 이 분, 삼 분. Thirty minutes, or half past the hour, can also be expressed as 반.

연습

다음 시계를 보고 몇 시인지 말해 보세요.
Look at the pictures of the clock and say what time it is.

보기

A 몇 시입니까?

B 오전 여섯 시 삼십칠 분입니다.

①

②

③

④

⑤

분 minute
오전 morning

Part 1

03 에(time)

하루 일과를 시간과 함께 말할 때 어떻게 말할까요?
How do we talk about our daily routine with its time?

A 몇 시에 일어납니까?

B 6시에 일어납니다.

문법

N + 에

에 is a particle attached to expressions of time that indicates when a certain action is taking place. It is not used with other time related words such as 언제, 지금, 오늘, 내일, 어제.

일곱 시 + 에 → 일곱 시에　　아침 + 에 → 아침에

연습

다음 사람들은 몇 시에 무엇을 합니까? 보기와 같이 묻고 대답해 보세요.
What do the people in the table below do and when? Ask and answer the questions as in the example.

왕카이	7:20 AM	9:10 AM	3:00 PM	5:30 PM	8:00 PM
	일어나다 →	한국어를 배우다 →	숙제하다 →	중국어를 가르치다 →	운동하다
박영민	6:50 AM	8:30 AM	2:30 PM	7:00 PM	9:30 PM
	아침을 먹다 →	출근하다 →	회의하다 →	퇴근하다 →	쉬다
나타샤	7:20 AM	10:00 AM	2:00 PM	6:30 PM	10:30 PM
	아침 식사를 준비하다 →	커피를 마시다 →	친구를 만나다 →	텔레비전을 보다 →	잠을 자다

A 왕카이 씨는 몇 시에 일어납니까?

B 오전 일곱 시 이십 분에 일어납니다.

- 일어나다 to wake up
- 아침을 먹다 to eat breakfast
- 출근하다 to go to work
- 회의하다 to have a meeting
- 퇴근하다 to finish work
- 아침 식사 breakfast
- 준비하다 to prepare
- 잠을 자다 to sleep

어휘

일상생활 Daily life 54

일어나다

세수하다

아침 식사를 준비하다

아침을 먹다

출근하다

학교에 가다

회의하다

커피를 마시다

운동하다

인터넷을 하다

텔레비전을 보다

잠을 자다

Part 1

말해 봅시다

스포츠센터 프로그램 정보 얻기 Getting information about programs at the sports center

여러분은 스포츠센터에 등록하려고 합니다. 스포츠센터에 전화해서 필요한 정보를 물어 보세요. You are about to sign up as a member of the sports center. Call the center and ask for the information you need.

Try it!

말풍선을 따라 대화를 구성해 보세요.
Look at the speech balloons and make up a dialogue.

이치로 Ask about the timetable at the sports center.	스포츠센터 직원 Give information about the sports center programs and times.

1. 전화하기

스포츠센터

말씀 좀 묻겠습니다

2. 프로그램 시작 날짜 묻기

다음 달 프로그램 | 언제 시작하다?

3일 월 | 시작하다

3. 수영 시간 묻기

수영 | 몇 시 | 하다?

매일 오전 7시 + 8시 | 하다

4. 요가 시간 묻기

요가 | 언제 하다?

월수금 오후 6시 30분 | 하다

대화

직원 이화 스포츠센터입니다.
이치로 말씀 좀 묻겠습니다. 다음 달 프로그램이 언제 시작합니까?
직원 3일 월요일에 시작합니다.
이치로 그렇습니까? 수영은 몇 시에 합니까?
직원 매일 오전 7시와 8시에 합니다.
이치로 요가는 언제 합니까?
직원 요가는 월, 수, 금요일 오후 6시 30분에 합니다.
이치로 네, 알겠습니다. 고맙습니다.

55

발음 **Double final consonants**

In the case of a double final consonant, sometimes the pronunciation is determined by the first consonant and some other times by the second. For example, ㄼ is pronounced ㄹ but ㄺ is pronounced ㄱ.
여덟[여덜] 닭[닥]

표현

■ 프로그램에 대해 묻기 Asking about the programs

다음 달 프로그램이 언제 시작합니까?
수영 시간은 언제입니까?
요가는 언제 합니까?

확장

여러분은 문화센터에 등록하려고 합니다. 문화센터에 전화해서 필요한 정보를 물어보세요. You are about to register at the local culture center. Call the center and ask for some information about the programs.

	월	화	수	목	금	토
16:00	요리 교실					사진 교실
17:00		노래 교실		노래 교실		
18:00					바이올린 교실	
19:00			밸리댄스 교실			

스포츠센터 sports center · 말씀 question · 묻다 to ask · 다음 달 next month · 프로그램 program · 매일 every day · 요가 yoga

Part 2

준비합시다

01 부터 ~ 까지

56

시작하는 시간과 끝나는 시간을 어떻게 말할까요?
How do we indicate the time something starts and finishes?

A 한국어 수업이 몇 시부터 몇 시까지입니까?

B 9시부터 1시까지입니다.

문법

N + 부터 N + 까지

부터~까지 are particles attached to the end of words of time or place to indicate when a certain action or situation starts and finishes.

월요일부터 금요일까지　　1시부터 2시까지

연습

친구들은 요즘 무엇을 합니까? 친구들의 일주일 일정에 대해서 말해 보세요.
What are your friends doing these days? Talk about your friends' weekly schedules.

일	월	화	수	목	금	토
보기 아르바이트를 하다 10:00 ~14:00	① 한국어를 공부하다 9:00~12:00					⑥ 한국 요리를 배우다 11:00 ~13:00
	② 영화를 보다 14:00 ~16:00	③ 수영하다 18:00 ~19:00	④ 태권도를 배우다 15:30 ~17:00	③ 수영하다 18:00 ~19:00	⑤ 중국어를 가르치다 16:30 ~18:00	

A 언제 아르바이트를 합니까?

B 일요일 오전 10시부터 오후 2시까지 아르바이트를 합니다.

아르바이트를 하다
to work at a part-time job
한국 요리
Korean cooking

02 –아/어요

57

비격식적인 상황에서 공손하게 말하고 싶을 때 어떻게 말할까요?
How do we speak politely in an informal situation?

A 마이클 씨, 어디에 가요?

B 은행에 가요.

문법

A/V + 아/어요

–아/어요 is an honorific ending used to indicate politeness in informal situations, in declarative sentences, questions, commands, and requests.

- 어간 'ㅏ', 'ㅗ' + 아요 예 앉아요
- 그 외의 어간 + 어요 예 먹어요
- 하다 → 해요 예 식사해요
- 이다 → consonant + 이에요 예 학생이에요
  vowel + 예요 예 의사예요

연습

다음을 '–아/어요'를 사용해서 바꿔 보세요.
Change the verb forms of the following sentences using '–아/어요'.

저는 중국 사람**입니다**. 은행에 **다닙니다**. 아침 9시에 **출근합니다**. 그리고 저녁 6시에 일이 **끝납니다**. 퇴근 후에 여자 친구를 **만납니다**. 여자 친구는 학생**입니다**. 여자 친구와 저녁을 **먹습니다**. 식사 후에 영화를 **봅니다**. 그리고 노래방에 **갑니다**.

▼

저는 중국 사람이에요. 은행에 다녀요. 아침 9시에 출근해요. 그리고 저녁 6시에 일이 끝나요. 퇴근 후에 여자 친구를 만나요. 여자 친구는 학생 이에요. 여자 친구와 저녁을 먹어요. 식사 후에 영화를 봐요. 그리고 노래방에 가요.

- 다니다 to work at
- 아침 morning
- 퇴근 후 after work
- 여자 친구 girlfriend
- 노래방 karaoke room

Part 2

말해 봅시다

하루 일과 말하기 Explaining your daily schedule

여러분이 한국 친구를 만났습니다. 그 친구에게 여러분의 직업과 하루 일과를 말해 보세요. You are meeting a Korean friend. Tell him or her about your occupation and your daily schedule.

Try it!

말풍선을 따라 대화를 구성해 보세요.
Look at the speech balloons and make up a dialogue.

김수진
Korean (person)
Ask about a friend's daily schedule.

리처드
Employee at a trading company, studies Korean at night.
Explain your daily schedule.

1. 직업 묻기

무슨 일 | 하다?

무역 회사 | 다니다
저녁 | 한국어 | 공부하다

2. 한국어 수업 시간 묻기

수업 | 몇 시~몇 시?

저녁 7시~9시

3. 한국어 수업 요일 묻기

매일 한국어 | 공부하다?

아니요
월요일~목요일 | 학교 | 가다

4. 퇴근 후 일과 묻기

금요일 | 퇴근 후 | 뭐 하다?

친구 | 만나다
술 | 마시다

대화

58

김수진 리처드 씨는 무슨 일을 해요?
리처드 저는 무역 회사에 다녀요. 그리고 저녁에 한국어를 공부해요.
김수진 수업이 몇 시부터 몇 시까지예요?
리처드 저녁 7시부터 9시까지예요.
김수진 매일 한국어를 공부해요?
리처드 아니요. 월요일부터 목요일까지 학교에 가요.
김수진 금요일은 퇴근 후에 뭐 해요?
리처드 친구들을 만나요. 그리고 술을 마셔요.

Tip Depending on tone –아/어요 can take a narrative or a question form. When asking a question, the tone rises slightly.

표현

■ 시간 말하기 Saying time

A: 언제 한국어를 공부해요?
B: 저녁 7시에 공부해요.

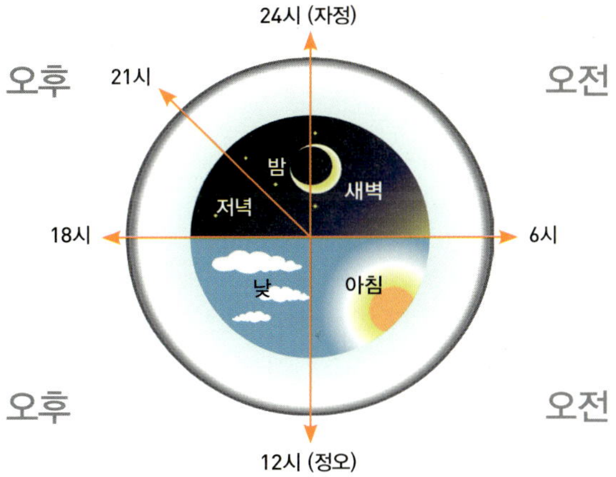

확장

반 친구와 하루 일과를 서로 묻고 대답해 보세요.
With your classmates, ask and answer the questions about each other's daily schedule.

무역 회사 trading company 뭐 what 술 alcoholic drink

Part 3

들어 봅시다

하숙집 생활에 대한 대화 듣기 Listening to a conversation about life in a boarding house

01 기숙사, 하숙집에는 어떤 규칙이 있습니까? 어떤 규칙이 있는지 이야기해 보세요. What rules are there in your dormitory or boarding house? Talk about these rules.

02 요코 씨가 하숙집 생활에 대해 묻는 대화입니다. 잘 듣고 물음에 답하세요. 59
Yoko is asking about life in the boarding house. Listen carefully to the conversation and answer the questions.

(1) 토요일 아침 식사 시간은 몇 시까지입니까?

① 7시 ② 8시 ③ 9시

(2) 몇 시에 하숙집 문을 닫습니까?

(3) 다음 중 맞는 것을 고르세요.

① 저녁 식사 시간은 6시까지입니다.
② 일요일 아침 식사 시간은 8시까지입니다.
③ 평일 아침 식사 시간은 7시부터 8시까지입니다.

표현

- 식사 시간 묻기 Asking about the mealtimes

몇 시에 아침을 먹어요?
아침 식사 시간은 몇 시예요?
식사 시간은 언제예요?

- 식사 시간 **mealtime**
- 하숙집 **boarding house**
- 평일 **weekday**
- 문을 닫다 **to close**

읽고 써 봅시다

하루 일과에 대한 글 읽고 쓰기 Reading and writing about your daily schedule

01 다음 사람의 직업은 무엇일까요? 이 사람의 하루 일과에 대해 추측해서 이야기해 보세요. What kind of job does the person below have? Discuss what kind of daily schedule this person might have.

02 프랑크 씨의 하루 일과를 소개하는 글입니다. 다음을 읽고 물음에 답하세요. 60
Read the description of Frank's daily schedule below and answer the questions.

하루 일과

저는 오전 9시에 일어납니다. 9시 10분에 샤워합니다. 9시 30분에 아침을 먹습니다. 보통 빵과 우유를 먹습니다. 아침 식사 후에 옷을 입습니다. 그리고 10시까지 출근합니다. 저는 요리사입니다. 프랑스 식당에서 일합니다. 우리 식당 점심시간은 11시부터 3시까지입니다. 점심시간에 손님들이 많습니다. 그래서 아주 바쁩니다. 저는 보통 3시 30분에 점심을 먹습니다. 그 후에 다시 일합니다. 10시에 식당을 청소합니다. 그리고 문을 닫습니다. 10시 30분에 집에 갑니다. 퇴근 후에 샤워합니다. 11시에 텔레비전을 봅니다. 11시 30분에 잡니다.

(1) 이 사람의 직업은 무엇입니까?

① 학생 ② 요리사 ③ 회사원

(2) 프랑크 씨는 몇 시에 점심을 먹습니까?

① 11시 30분 ② 1시 30분 ③ 3시 30분

- 샤워하다 to take a shower
- 우유 milk
- 프랑스 식당 French restaurant
- 손님 guest
- 그래서 so
- 아주 very
- 바쁘다 to be busy
- 보통 usually
- 다시 again
- 청소하다 to clean

03 여러분의 하루 일과는 어떻습니까? 여러분의 하루 일과를 소개하는 글을 써 보세요.
What is your daily schedule like? Write a passage about how you spend your days.

문화
알아보기

Koreans and numbers 한국인과 수

한국 사람들은 숫자 중에서 특히 3을 좋아합니다. 동양 사상에서 숫자 1은 양을 의미하고 2는 음을 의미합니다. 3은 1과 2를 더한 수로서 양과 음이 합하여 만든 완전한 수라고 생각합니다. 그래서 한국 사람들은 전통적으로 3을 완전한 수라고 생각하여 좋아했습니다. 한국 사람들은 게임에서 승패를 가를 때 또는 가위바위보를 할 때도 보통 세 번을 합니다.

그렇지만 한국 사람들은 숫자 4를 좋아하지 않습니다. 죽음을 뜻하는 한자어 사(死)와 똑같이 발음하기 때문입니다.

Koreans particularly like the number 3. In Asian philosophy the number 1 represents 'yang' and 2 represents 'yin'. Because three is the sum of 1 and 2 it was considered to be the combination of 'yin' and 'yang' and therefore the most complete number. This is why Koreans have traditionally liked the number 3. In games such as rock, paper, scissors, the winner is usually decided in the best of three matches. On the other hand, Koreans generally dislike the number 4 because it is pronounced in the same way as the Chinese character meaning 'to die' (死)

01 한국 사람들은 왜 숫자 3을 좋아합니까?
Why do Koreans like the number 3?

02 여러분 나라에서도 특별히 좋아하거나 싫어하는 숫자가 있습니까? 어떤 숫자입니까?
Do people in your country like or dislike any numbers in particular? What are they?

01 다음의 사진과 관계있는 숫자는 무엇일까요?
What number goes with the pictures below?

칠면조의 색

삼각형

02 다음은 「오륙도」입니다. 시조를 낭송하면서 감상해 보세요. 61
Read and reflect on the following sijo "오륙도".

오륙도(五六島)

이은상(1903~1982)

오륙도 다섯 섬이 다시 보면 여섯 섬이
흐리면 한두 섬이 맑으신 날 오륙도라
흐리락 맑으락 하매 몇 섬인 줄 몰라라
(후략)

『노산시조선집』, 남향문화사, 1958

Tip 시조: Sijo is a uniquely Korean poetic form that was firmly established in the late Goryeo Dynasty (13th C.) and continued through the Joseon Dynasty to the present. Sijo is commonly comprised of 3 lines, each with 6 phrases, containing a total of 12 feet or 45 syllables or less. There are variations in the number of phrases and syllables, and such forms are considered irregular. However, even irregular forms must stick to the rule of three syllables for the first feet of the last line. Dealing with various themes, sijo is rhythmical and well suited for adaptation to song.

03 여러분 나라에도 숫자와 관계된 지명이 있습니까? 친구들과 이야기해 보세요.
Are there places names in your country that are related to numbers? Talk about them with your friends.

오륙도 **Oryukdo (Island)** 흐리다 **to be overcast** 맑다 **to be clear** 모르다 **to not know**

제6과

주말

Weekend

제 6 과 주 말 Weekend

Part 1

준비합시다 — 1 에서(place) 2 안 3 으 탈락

말해 봅시다 — 주말 활동 이야기하기
Talking about weekend activities

Part 2

준비합시다 — 1 –았/었– 2 도

말해 봅시다 — 여행 경험 말하기
Talking about travel experiences

Part 3

들어 봅시다 — 어제 한 일에 대한 대화 듣기
Listening to a conversation about what someone did yesterday

읽고 써 봅시다 — 여행 경험에 대한 글 읽고 쓰기
Reading and writing about travel experiences

CULTURE & LITERATURE

문화 알아보기 — 한국인의 주말 활동 How Koreans spend the weekend

문학 맛보기 — 시 Poem 「고백」

Part 1

준비합시다

01 에서(place)

62

여러분은 주로 어디에서 친구를 만납니까? 어디에서 만나는지 그 장소를 어떻게 말할까요? Where do you usually hang out with your friends? How do we talk about places where you meet people?

A 보통 어디에서 친구를 만나요?

B 학교 앞에서 만나요.

문법

N + 에서

에서 is a particle that indicates where an activity is taking place.

교실 + 에서 → 교실에서　　기숙사 + 에서 → 기숙사에서

연습

다음 장소에서 무엇을 하는지 말해 보세요.
Where are the following people and what are they doing?

	사람	장소	무엇을 해요?
보기	마이클	영화관	영화를 보다
①	잔느	백화점	쇼핑하다
②	요코	도서관	책을 빌리다
③	리처드	우체국	편지를 보내다
④	왕카이	놀이동산	놀이 기구를 타다
⑤	나타샤	은행	돈을 찾다
⑥	이치로	공원	운동하다

A 마이클 씨는 어디에서 무엇을 해요?

B 영화관에서 영화를 봐요.

- 쇼핑하다 to go shopping
- 빌리다 to borrow
- 놀이동산 amusement park
- 놀이 기구 rides
- 돈을 찾다 to withdraw money
- 공원 park

02 안

여러분은 주말에 어떤 일을 하고, 어떤 일을 안 합니까? 하지 않는 일을 이야기할 때 어떻게 말할까요? What sort of things do you do, or not do, on the weekend? How do we talk about things we don't do?

A 마이클 씨, 토요일에 회사에 가요?

B 아니요, 회사에 안 가요. 집에서 쉬어요.

문법

안 + A/V

안 indicates the negative of some action or state. The negative of verbs such as 공부하다, 운동하다 becomes 공부 안 하다, 운동 안 하다.

안 + 만나다 → 안 만나다　　쇼핑 + 안 + 하다 → 쇼핑 안 하다

연습

다음 설문지를 보고 이 사람의 주말 활동에 대해서 말해 보세요.
Look at the questionnaire below and talk about this person's weekend activities.

설문지

이름: 마이클　　나이: 27살

질문	네	아니요	질문	네	아니요
1. 주말에 영화를 봅니까?	☑	☐	6. 주말에 쇼핑합니까?	☑	☐
2. 주말에 친구를 만납니까?	☑	☐	7. 주말에 음악을 듣습니까?	☑	☐
3. 주말에 낮잠을 잡니까?	☐	☑	8. 주말에 책을 읽습니까?	☐	☑
4. 주말에 여행을 갑니까?	☐	☑	9. 주말에 외식을 합니까?	☑	☐
5. 주말에 운동합니까?	☐	☑	10. 주말에 청소합니까?	☐	☑

마이클 씨는 주말에 보통 영화를 봅니다. 그리고 친구를 만납니다. 그렇지만 낮잠을 안 잡니다. ____________________

____

- 설문지 questionnaire
- 나이 age
- 주말 weekend
- 낮잠 nap
- 여행을 가다 to travel
- 외식을 하다 to dine out

03 으 탈락

64

일이 많고 바빠서 상대방에게 시간을 내줄 수 없을 때 어떻게 말할까요?

How do you turn down someone's request when you're too busy?

A 영민 씨, 지금 시간 있어요?

B 아니요, 지금 좀 바빠요.

문법

으 탈락

When the stem of an adjective or verb ends in 'ㅡ' and is followed by an ending that starts with 아/어 then 'ㅡ' is omitted.

예쁘 + 어요 → 예뻐요　　나쁘 + 아요 → 나빠요

연습

다음의 단어를 사용해서 대화를 완성해 보세요.

Fill in the blanks using the following words.

예쁘다 · 아프다 · 크다 · 바쁘다 · 끄다 · 쓰다

보기	A: 리처드 씨, 이 사진 좀 보세요. 우리 아이예요. B: 아이가 정말 ___예뻐요___.
①	A: 마이클 씨 남동생은 키가 커요? B: 네, 190cm예요. 키가 아주 ___________.
②	A: 요코 씨, 어디에 가요? B: 병원에 가요. 머리가 많이 ___________.
③	A: 왕카이 씨, 저 좀 도와주세요. B: 정말 미안해요. 지금 제가 너무 ___________.
④	A: 지금 뭐 해요? B: 이메일을 ___________.
⑤	A: 수업 시간에 휴대 전화를 사용해요? B: 아니요. 휴대 전화를 ___________.

시간(이) 있다 to have time
예쁘다 to be beautiful
아프다 to be hurt
끄다 to turn off
키 height
도와주다 to help
미안하다 to be sorry
휴대 전화 cell phone

어휘

주말 활동 Weekend activities

65

산책하다

등산하다

여행하다

쇼핑하다

외식하다

가족과 외출하다

노래방에 가다

집안일을 하다

낮잠을 자다

시간 관련 어휘 Time related words

어제	오늘	내일
지난주	이번 주	다음 주
지난달	이번 달	다음 달
작년	올해	내년

Part 1

말해 봅시다

주말 활동 이야기하기 Talking about weekend activities

여러분은 이웃집 주부를 만났습니다. 이웃집 주부와 주말에 무엇을 하는지에 대해 서로 이야기해 보세요. You have run into one of your neighbors, a housewife. Talk to each other about how you usually spend the weekend.

Try it!

말풍선을 따라 대화를 구성해 보세요.
Look at the speech balloons and make up a dialogue.

나타샤 Housewife	소라 Working mother

1. 소라의 주말 활동 묻기

주말 | 뭐 하다?

토요일 | 집 | 쉬다
일요일 | 집안일 | 하다

2. 주말 활동 설명하기

그래요?
외출 | 안 하다?

직장 생활 | 피곤하다
주말 | 외출 안 하다
주말 | 뭐 하다?

3. 나타샤의 주말 활동 말하기

저 | 가족 | 외식하다
쇼핑하다

좋겠다

4. 평일 활동 말하기

저 | 평일 | 집안일 | 많다
바쁘다

대화

66

나타샤 소라 씨, 주말에 보통 뭐 해요?
소라 토요일에 집에서 쉬어요. 그리고 일요일에 집안일을 해요.
나타샤 그래요? 외출은 안 해요?
소라 직장 생활이 피곤해요. 그래서 주말에 보통 외출 안 해요.
나타샤 씨는 주말에 뭐 해요?
나타샤 저는 가족과 같이 외식해요. 그리고 쇼핑해요.
소라 나타샤 씨는 정말 좋겠어요.
나타샤 네, 그런데 저는 평일에 집안일이 많아요.
그래서 평일에 좀 바빠요.

Tip In spoken Korean contractions are often used.
무엇 → 뭐 조금 → 좀
무엇을 해요? → 뭘 해요? / 뭐 해요? 조금 바빠요. → 좀 바빠요.

발음 **Palatalization**

When ㄷ and ㅌ are followed by the vowel 'ㅣ', they are pronounced [ㅈ] and [ㅊ] respectively.

같이[가치] 해돋이[해도지]

표현

- 주말 활동에 대해 묻기 Asking people how they spend the weekend

주말에 보통 뭐 해요? / 주말에 어떻게 지내요? / 주말을 어떻게 보내요?

- 부러움 표현하기 Expressing envy

정말 좋겠어요. / 정말 부러워요.

확장

주말에 보통 무엇을 하는지 반 친구와 이야기해 보세요.
Talk to your classmates about how you usually spend the weekend.

집안일 **housework** 외출하다 **to go out** 직장 생활 **work** 피곤하다 **to be tired**

Part 2

준비합시다

01 –았/었–

여러분은 지난 주말에 무엇을 했습니까? 과거의 일을 말할 때 어떻게 말할까요?
What did you do last weekend? How do we talk about past activities?

A 요코 씨, 주말에 뭐 했어요?

B 토요일에 영화를 봤어요. 그리고 일요일에 공원에 갔어요.

문법

A/V + 았/었

–았/었– is a past tense prefinal ending that indicates an activity or situation has ended.

· 어간 'ㅏ', 'ㅗ' + 았 예 앉았어요
· 그 밖의 어간 + 었 예 먹었어요
· 하다 → 했다 예 공부했어요
· 이다 → consonant + 이었다 예 학생이었어요
vowel + 였다 예 친구였어요

연습

다음은 사람들이 지난 휴가에 한 일입니다. 무엇을 했는지 말해 보세요.
Look at the table below and say what each person did on his/her last vacation.

	이름	여행지	한 일	
보기	미셸	제주도	수영하다	말을 타다
①	나타샤	부산	바다를 보다	회를 먹다
②	유스케	경주	불국사를 구경하다	박물관에 가다
③	진차오	설악산	등산하다	사진을 찍다

A 미셸 씨, 지난 휴가에 뭐 했어요?

B 제주도에 갔어요. 제주도에서 수영했어요. 그리고 말을 탔어요.

· 휴가 vacation
· 제주도 Jejudo (Island)
· 수영하다 to swim
· 말 horse
· 타다 to ride
· 부산 Busan
· 회 sushi
· 경주 Gyeongju
· 불국사 Bulguksa (Temple)
· 구경하다 to look around
· 박물관 museum
· 설악산 (Mt.) Seoraksan
· 사진을 찍다 to take a picture

02 도

68

여러 가지 물건을 샀을 때 하나를 말하고 또 다른 하나를 보태서 이야기할 때 어떻게 말할까요? When you have bought various items, how do you talk about one thing in addition to another?

A 티엔 씨, 뭘 샀어요?

B 구두를 샀어요. 그리고 가방도 샀어요.

문법

N + 도

도 is a particle that means 'too', 'also'. It is used to add one item or object to another in a list.

커피 + 도 → 커피도　　김밥 + 도 → 김밥도

연습

그림을 보고 이야기해 보세요.
Look at the pictures and talk about them.

보기

중국 음식/한국 음식
좋아하다

①

공부/운동
잘하다

②

갈비/냉면
먹다

③

볼펜/공책
싸다

④

어머니/딸
예쁘다

⑤

컴퓨터/텔레비전
있다

A 중국 음식을 좋아해요?

B 네, 중국 음식을 좋아해요. 그리고 한국 음식도 좋아해요.

- 사다 to buy
- 구두 shoe
- 좋아하다 to like
- 잘하다 to do well
- 갈비 galbi (marinated beef ribs)
- 냉면 naengmyeon (cold noodle dish)
- 볼펜 ballpoint pen
- 어머니 mother
- 딸 daughter

Part 2

말해 봅시다

여행 경험 말하기 Talking about travel experiences

여러분은 여름 휴가가 끝나고 학교에 와서 친구를 만났습니다. 친구에게 휴가 동안에 무엇을 했는지 이야기해 보세요. Summer vacation is over and you are back to school. Talk with your friends about what you did during the vacation.

Try it!

말풍선을 따라 대화를 구성해 보세요.
Look at the speech balloons and make up a dialogue.

왕카이
Ask Michael about his vacation.

마이클
Talk about your trip to Jeju Island.

1. 휴가에 대해 묻기

오랜만이에요
휴가 | 잘 보내다?

네, 잘 보내다

2. 휴가에 한 일 이야기하기

휴가 | 뭐 하다?

제주도 | 다녀오다

3. 여행 일정 이야기하기

얼마 동안 여행하다?

3박 4일

4. 여행지에서 한 일 이야기하기

거기 | 뭐 하다?

한라산 | 올라가다
바닷가 | 수영 | 하다
정말 재미있다

대화

69

왕카이	오랜만이에요. 휴가는 잘 보냈어요?
마이클	네, 잘 보냈어요.
왕카이	휴가에 뭐 했어요?
마이클	제주도에 다녀왔어요.
왕카이	그래요? 얼마 동안 여행했어요?
마이클	3박 4일 동안 여행했어요.
왕카이	거기에서 뭐 했어요?
마이클	한라산에 올라갔어요. 그리고 바닷가에서 수영도 했어요. 정말 재미있었어요.

Tip When talking about the number of nights one stayed in a place on vacation, the word 박 (night) is used after the number.

1박 2일 (일박 이일)
2박 3일 (이박 삼일)
3박 4일 (삼박 사일)
4박 5일 (사박 오일)

표현

- 지난 휴가에 대해 묻기 Asking about someone's vacation

휴가는 잘 보냈어요?
휴가는 어떻게 보냈어요?
휴가에 뭐 했어요?
어디를 여행했어요?
어디에 다녀왔어요?
어디에 갔다 왔어요?

확장

반 친구와 여행 경험에 대해 이야기해 보세요.
Talk with your friends about your travel experiences.

- 오랜만 (in) a long time
- 잘 well
- 보내다 to spend
- 다녀오다 to go to
- 동안 for
- 3박 4일 three nights and four days
- 거기 there
- 한라산 (Mt.) Hallasan
- 올라가다 to climb
- 바닷가 seaside

Part 3

들어 봅시다

어제 한 일에 대한 대화 듣기 Listening to a conversation about what someone did yesterday

01 두 사람은 지금 데이트를 하고 있습니다. 어떤 이야기를 하고 있는지 추측해 보세요. Two people in the picture are on a date. What do you think they are talking about?

02 두 사람이 어제 한 일에 대해 이야기하는 대화입니다. 잘 듣고 맞는 것에 ✓표 하세요. Two people are talking about what they did yesterday. Listen carefully to the conversation and tick the correct answers. 70

(1) 율리아 씨와 유스케 씨는 어제 1층 로비에서 약속이 있었습니다.

네 _____ 아니요 _____

(2) 금요일 10시에 텔레비전에서 스포츠 뉴스를 합니다.

네 _____ 아니요 _____

(3) 유스케 씨는 율리아 씨에게 거짓말을 했습니다.

네 _____ 아니요 _____

표현

■ 망설임 표현하기 Expressing hesitation

에, 생각이 잘 안 나요.
저, 기억이 잘 안 나요.
글쎄요, 잘 모르겠어요.

- 로비 **lobby**
- 약속이 있다 **to have an appointment**
- 스포츠 뉴스 **sports news**
- 거짓말을 하다 **to tell a lie**

읽고 써 봅시다

여행 경험에 대한 글 읽고 쓰기 Reading and writing about travel experiences

01 이것은 무엇일까요? 무엇을 알리는 글인지 이야기해 보세요.
What is in the picture below? Discuss what the notice is for.

봄 학기 문화 수업

5월 24일(금요일)에 문화 수업을 갑니다.
민속촌에 갑니다.
학교 1층 로비에 8시 50분까지 오세요.

02 여행 경험에 대한 글입니다. 다음을 읽고 물음에 답하세요. 71
Read the following passage about a trip and answer the question.

민속촌에서

저는 지난 금요일에 문화 수업을 갔습니다. 선생님과 반 친구들과 같이 민속촌에 갔습니다. 11시쯤 민속촌에 도착했습니다. 민속촌에서 한국의 옛날 집을 봤습니다. 그리고 한국의 전통 결혼식도 봤습니다. 그다음에 민속촌 안에 있는 식당에서 점심을 먹었습니다. 저는 순두부찌개를, 요코 씨는 불고기를 먹었습니다. 맛있었습니다. 점심 식사 후에 우리는 사진을 많이 찍었습니다. 그리고 기념품도 샀습니다. 4시쯤 서울에 돌아왔습니다. 조금 피곤했습니다. 그렇지만 재미있었습니다.

(1) 맞는 것에 ✓표 하세요.

① 문화 수업은 1박 2일이었습니다. 네 ____ 아니요 ____
② 점심 식사 전에 기념품을 샀습니다. 네 ____ 아니요 ____
③ 나는 순두부찌개와 불고기를 먹었습니다. 네 ____ 아니요 ____
④ 지난 금요일에 한국 전통 결혼식을 구경했습니다. 네 ____ 아니요 ____

- 봄 학기 spring semester
- 민속촌 folk village
- 반 class
- 쯤 around
- 도착하다 to arrive
- 옛날 old days
- 전통 tradition
- 순두부찌개 sundubu jjigae
- 불고기 bulgogi (seasoned beef)
- 기념품 souvenir
- 돌아오다 to return to

03 여러분은 기억에 남는 여행이 있습니까? 기억에 남는 여행에 대해 써 보세요.
Has any trip been particularly memorable for you? Write a passage about that trip.

문화
알아보기

How Koreans spend the weekend 한국인의 주말 활동

한국에서는 2004년부터 주5일 근무제를 실시하고 있습니다. 그래서 그 후로 가족이나 친구들과 보낼 수 있는 시간이나 여가 시간을 많이 가질 수 있게 되었습니다. 따라서 많은 한국 사람들은 주말에 가족과 함께 산이나 공원으로 나들이를 가거나 쇼핑을 합니다. 그리고 자신이 좋아하는 레포츠를 즐기는 사람들도 점점 늘어나고 있습니다. 낚시, 등산, 번지점프, 서바이벌 게임, 윈드서핑, 인라인 스케이팅 등 다양한 종류의 레포츠가 인기를 끌고 있습니다. 그중에서도 특히 등산은 1,500만 명 이상이 즐기는 한국의 대표적인 레포츠입니다.

Korea introduced the 5-day work week in 2004. People now have more time for leisure and to spend with their families and friends. Many Koreans spend the weekend enjoying shopping, going out to a park or hiking with their families. In addition, a growing number of people are becoming fans of leisure and sports activities. Various activities such as fishing, hiking, bungee jumping, survival games, wind surfing, and in-line skating are growing more popular. Hiking in particular could be called the national sport with more than 15 million Koreans going to the mountains on a regular basis.

01 한국 사람들이 즐기는 대표적인 레포츠는 어떤 것이 있습니까?
Which leisure activities and sports do Koreans like?

02 여러분 나라에서 인기 있는 주말 레포츠는 무엇인지 소개해 보세요.
Which weekend leisure activities and sports are popular in your country?

01 다음 그림들에 맞는 어휘를 찾아보세요.
Choose the right words for the pictures below.

전깃줄 · 감전되다

02 다음은 「고백」입니다. 시를 낭송하면서 감상해 보세요.
Read and reflect on the following poem "고백".

72

고백

고정희(1948~1991)

너에게로 가는
그리움의 전깃줄에
나는
감
전
되
었
다

『아름다운 사람 하나』, 들꽃세상, 1990

03 좋아하는 사람에게 어떻게 마음을 전할 수 있을까요? 여러분의 마음을 고백하는 글을 써 보세요. How do you express your feelings for someone special? Write a passage confessing your feelings to someone you love.

고백 **confession** 그리움 **longing** 전깃줄 **electric wire** 감전되다 **to be electrocuted**

제7과

가족

Family

제7과 가족 Family

Part 1

준비합시다 — 1 나이　2 은/는(contrast)

말해 봅시다 — 친구에게 형제 소개하기
Introducing your siblings

Part 2

준비합시다 — 1 -(으)시-　2 ㄹ 탈락　3 만

말해 봅시다 — 친구에게 가족 소개하기
Introducing your family

Part 3

들어 봅시다 — 가족사진에 대한 대화 듣기
Listening to a conversation about a family photo

읽고 써 봅시다 — 가족 소개의 글 읽고 쓰기
Reading and writing about the family

CULTURE & LITERATURE

문화 알아보기 — 가족 호칭 Family terms of address

문학 맛보기 — 시 Poem 「엄마야 누나야」

Part 1 준비합시다

01 나이

한국어로 나이를 어떻게 말할까요?
How is age expressed in Korean?

요코 씨는 스물다섯 살입니다. 그리고 나타샤 씨는 서른세 살입니다.

나이 Age

10	20	30	40	50	60	70	80	90	100
열	스물	서른	마흔	쉰	예순	일흔	여든	아흔	백
열 살	스무 살	서른 살	마흔 살	쉰 살	예순 살	일흔 살	여든 살	아흔 살	백 살

문법

나이

Age is counted using the numbers 하나, 둘, 셋, 넷 and attaching 살, which means 'years' at the end.

하나 + 살 → 한 살　　다섯 + 살 → 다섯 살

연습

사진을 보고 요코 씨 반 친구들의 나이를 묻고 대답해 보세요.
Look at the photo and ask how old Yoko's classmates are.

A 이 사람은 누구입니까?
B 이치로 씨입니다.
A 이치로 씨는 몇 살입니까?
B 서른 살입니다.

살 years

02 은/는(contrast)

74

민수와 형은 모두 안경을 썼습니까? 두 사람의 다른 점을 어떻게 말할까요?
Are Minsu and his older brother both wearing glasses? How do we express the differences between the two?

나는 안경을 썼습니다. 형은 안경을 안 썼습니다.

문법

N + 은/는

은/는 is a particle that indicates a contrast.

consonant + 은 　예 선생님은, 티엔은
vowel + 는 　예 친구는, 나타샤는

연습

그림을 보고 차이점에 대해 말해 보세요.
Look at the pictures and talk about the differences.

보기

마이클/키가 크다　요코/키가 작다

①

시장/싸다　백화점/비싸다

② 마이클

수영을 잘하다　농구를 못하다

③ 요코

사과를 좋아하다　수박을 싫어하다

마이클은 키가 큽니다. 요코는 키가 작습니다.

- 안경을 쓰다 to wear glasses
- 형 big/older brother
- 키가 크다 to be tall
- 키가 작다 to be short
- 시장 market
- 농구 basketball
- 못하다 to be unable to do
- 사과 apple
- 수박 watermelon
- 싫어하다 to dislike

Part 1

말해 봅시다

친구에게 형제 소개하기 Introducing your siblings

여러분의 형제를 친구에게 소개해 보세요. 여러분과 비슷한 점, 다른 점을 말해 보세요.
Introduce your siblings to your friends. Talk about the similarities and differences between you and your siblings.

Try it!

말풍선을 따라 대화를 구성해 보세요.
Look at the speech balloons and make up a dialogue.

수진
Ask about your friend's older sister.

요코
Introduce your older sister.

1. 형제 수 묻기

2. 외모 비교하기

3. 나이 말하기

4. 취미 말하기

대화

수진 요코 씨는 형제가 몇 명이에요?
요코 언니가 한 명 있어요.
수진 요코 씨는 누구를 닮았어요?
요코 저는 아빠를 닮았어요. 그렇지만 언니는 엄마를 많이 닮았어요.
수진 그래요? 언니는 지금 몇 살이에요?
요코 스물여섯 살이에요.
수진 언니도 운동을 좋아해요?
요코 아니요, 언니는 운동을 안 좋아해요. 영화를 좋아해요.

75

표현

■ 형제의 수 묻기 Asking about the number of siblings

A : 형제가 몇 명이에요? / 형제가 어떻게 돼요?
B : 오빠가 한 명, 남동생이 한 명 있어요.

A : 형제가 많아요?
B : 아니요, 저 혼자예요.

확장

친구에게 여러분의 형제를 소개해 보세요. 형제의 나이, 취미, 직업 등에 대해 이야기해 보세요. Introduce your siblings to your friends. Talk about their ages, hobbies, and occupations, etc.

형제 **siblings** 언니 **big/older sister** 닮다 **to take after** 아빠 **dad** 엄마 **mom**

Part 2

준비합시다

01 -(으)시-

말하는 사람보다 나이가 많거나 지위가 높은 사람에 대해 이야기할 때는 어떻게 말할까요? How do we refer to someone who is older or superior?

수미가 방에 있습니다. 텔레비전을 봅니다.

어머니가 부엌에 계십니다. 저녁을 준비하십니다.

문법

A/V + (으)시

-(으)시- is an honorific marker referring to a subject superior to or older than the speaker.

consonant + 으시 예 읽으시다, 앉으시다 vowel, ㄹ + 시 예 가시다, 만드시다

※ Some verbs have irregular honorific endings as follows:

- 있다 → 계시다
- 자다 → 주무시다
- 먹다, 마시다 → 드시다, 잡수시다
- 죽다 → 돌아가시다

연습

아버지는 지난주에 무엇을 하셨습니까? 다음을 보고 말해 보세요.
What did the father do last week? Give the answer using the information below.

월요일	① 화요일	② 수요일	③ 목요일	④ 금요일	⑤ 토요일	⑥ 일요일
보기 등산하다	〈오전〉 집에서 쉬다 〈오후〉 산책하다	〈오전〉 친구를 만나다 〈오후〉 낮잠을 자다	학원에서 운전을 배우다	〈오전〉 골프를 치다 〈오후〉 책을 읽다	여행을 가다	영화를 보다

- 학원 private academy
- 운전 driving
- 골프를 치다 to play golf

A 아버지는 지난주 월요일에 뭘 하셨어요?

B 월요일에 등산을 하셨어요. 아버지는 등산을 좋아하세요.

02 ㄹ 탈락

마이클은 무엇을 하고 있습니까? 마이클이 지금 무엇을 하는지 어떻게 말할까요? What is Michael doing? How do we describe what Michael is doing at this moment?

A 마이클이 지금 무엇을 합니까?

B 스파게티를 만듭니다.

문법

ㄹ 탈락

When verb stems ending in ㄹ are followed by verb endings starting with ㄴ, ㅂ, ㅅ, the ㄹ is omitted.

만들 + ㅂ니다 → 만듭니다　　살 + ㅂ니다 → 삽니다

연습

다음의 단어를 사용해서 대화를 완성해 보세요.
Fill in the blanks using the words from the box below.

알다 · 길다 · 열다 · 살다 · 멀다 · 만들다

보기	A : 민수 씨, 가족이 모두 서울에서 삽니까? B : 아니요, 형은 인천에서 삽니다.
①	A : 요코 씨, 창문을 좀 ________. 교실이 너무 덥습니다. B : 알겠습니다.
②	A : 마이클 씨 전화번호를 ________? B : 네, 잠깐만요, 010-2370-8845입니다.
③	A : 고향이 어디입니까? B : 대전입니다. 서울에서 조금 ________.
④	A : 수미 씨 언니도 머리가 ________? B : 아니요, 언니는 머리가 안 ________.
⑤	A : 민수 씨가 지금 무엇을 합니까? B : 의자를 ________.

- 스파게티 spaghetti
- 만들다 to make
- 알다 to know
- 길다 to be long
- 열다 to open
- 살다 to live
- 멀다 to be far
- 가족 family
- 인천 Incheon
- 창문 window
- 덥다 to be hot
- 고향 hometown
- 대전 Daejeon

03 만

78

많은 것 중 어느 것을 선택하거나, 하나만 있음을 강조해서 말할 때는 어떻게 말할까요?
How do we indicate a choice of one thing among several or emphasize that there is only one of a certain thing?

A 창호 씨 형도 키가 커요?

B 아니요, 우리 가족은 모두 키가 작아요. 저만 키가 커요.

문법

N + 만

만 is a particle indicating one thing to the exclusion of all others and has the same meaning as the English word 'only'.

요코 + 만 → 요코만　　마이클 + 만 → 마이클만

연습

다음은 요코의 반 친구들에 대한 정보입니다. 표를 보고 이야기해 보세요.
Discuss the table below which shows information about Yoko's classmates.

	보기 결혼하다	① 직장에 다니다	② 서울에서 살다	③ 매일 운동을 하다
마이클	×	○	○	×
나타샤	○	×	×	×
티엔	×	×	○	×
왕카이	×	×	○	○

결혼하다 to marry
모두 all

A 요코 씨 친구들은 모두 결혼했어요?

B 아니요, 나타샤 씨만 결혼했어요.

어휘

가족 관계 Family relations

79

직업 Occupations

Part 2 말해 봅시다

친구에게 가족 소개하기 Introducing your family

친구가 여러분의 가족에 대해 묻습니다. 친구에게 여러분의 가족을 소개해 보세요.
Your friend asks you about your family. Describe your family to your friend.

Try it!

말풍선을 따라 대화를 구성해 보세요.
Look at the speech balloons and make up a dialogue.

요코	마이클
Ask about Michael's family.	Family of 4, father(58), mother(56), older brother, me.

1. 가족 수 묻고 답하기

- 가족 | 몇 명?
- 4명 / 아버지+어머니 | 계시다 / 형 | 1명 있다

2. 부모님 연세 묻고 답하기

- 부모님 | 연세?
- 아버지 | 58 / 어머니 | 56

3. 사는 곳 묻고 답하기

- 가족 | 모두 / 미국 | 살다
- 부모님 | 미국 | 살다 / 형+저 | 한국 | 살다

4. 직업 묻고 답하기

- 형 | 무슨 일 | 하다?
- 기자

대화

80

요코 마이클 씨, 가족이 몇 명이에요?
마이클 모두 네 명이에요.
아버지와 어머니가 계시고 형이 한 명 있어요.
요코 부모님은 연세가 어떻게 되세요?
마이클 아버지는 쉰여덟, 어머니는 쉰여섯이세요.
요코 가족이 모두 미국에서 살아요?
마이클 아니요, 부모님만 미국에서 사세요.
형과 저는 한국에서 살아요.
요코 그래요? 형은 무슨 일을 해요?
마이클 기자예요.

Tip Honorific word forms
나이 → 연세 사람 → 분 생일 → 생신 집 → 댁
할아버지 생신은 7월 2일입니다. 어제 교수님 댁에 갔습니다.

발음 **Aspiration ①**
When the consonant ㅎ in final position is followed by ㄱ, ㄷ, ㅂ, ㅈ, the pronunciation changes to [ㅋ], [ㅌ], [ㅍ], [ㅊ].
어떻게[어떠케] 많다[만타]

표현

■ 가족의 수 묻기 Asking how many members are in the family

A: 가족이 몇 명이에요? / 가족이 어떻게 돼요?
B: 네 명이에요. 아버지와 어머니가 계시고 동생이 한 명 있어요.

■ 나이 묻기 Asking about age

A: 몇 살이에요? / 몇 살이세요?
B: 서른두 살이에요.

A: 아버지 연세가 어떻게 되세요?
B: 예순둘이세요.

확장

반 친구에게 가족을 소개해 보세요. 나이, 사는 곳, 직업 등을 말해 보세요.
Introduce your family to your classmates. Talk about the family members' ages, place of residence, and occupations.

Part 3

들어 봅시다

가족사진에 대한 대화 듣기 Listening to a conversation about a family photo

01 영민 씨의 가족사진입니다. 사진을 보고 이야기를 나눠 보세요.
Look at Yeongmin's family photo below and talk about it with your classmates.

02 마이클 씨가 영민 씨의 가족사진을 보고 궁금한 것을 묻는 대화입니다. 잘 듣고 물음에 답하세요. Michael looks at Yeongmin's family photo and asks some questions. Listen carefully to the conversation and answer the questions. 81

(1) 이 사진은 언제 찍었습니까?

____

(2) 영민 씨의 딸과 아들은 지금 몇 살입니까?

① 딸 : __________ 살　　② 아들 : __________ 살

(3) 다음 중 맞는 것을 모두 고르세요.

① 영민 씨의 아내는 지금 직장에 다닙니다.

② 영민 씨의 아들은 영민 씨를 닮았습니다.

③ 영민 씨는 결혼을 했습니다.

아들 son
아내 wife
직장에 다니다 to go to work

읽고 써 봅시다

가족 소개의 글 읽고 쓰기 Reading and writing about the family

01 다음 사진을 보고 가족 구성원과 수에 대해 이야기해 보세요.
Look at the picture below and talk about the number of people in the family and who they are.

02 창호 씨의 가족을 소개하는 글입니다. 다음을 읽고 물음에 답하세요. 82
Read about Changho's family below and answer the questions.

우리 가족

우리 가족은 모두 다섯 명입니다. 아버지와 어머니가 계시고 누나와 남동생이 있습니다. 아버지는 경찰관이십니다. 어머니는 중학교에서 수학을 가르치십니다. 누나는 간호사입니다. 누나는 작년에 결혼했습니다. 남동생은 고등학교 3학년입니다. 내년에 대학교에 갑니다. 저는 한국대학교 4학년 학생입니다. 저는 법학을 공부합니다. 제 꿈은 변호사입니다.

middle school

(1) 가족의 직업을 쓰세요.

① 아버지 : 경찰관 ② 어머니 : 중학교 선생님 ③ 누나 : 간호사

(2) 다음 중 맞는 것을 고르세요.

① 이 사람은 변호사입니다. ② 남동생은 고등학생입니다.

③ 누나는 내년에 결혼합니다.

- 중학교 junior high school
- 수학 mathematics
- 고등학교 high school
- 내년 next year
- 4학년 fourth grade
- 법학 law
- 꿈 dream

03 가족을 소개하는 글을 써 보세요.
Take some notes about your family and then write a paragraph about them.

문화 알아보기

Family terms of address 가족 호칭

한국 사람은 가족을 부를 때 윗사람은 아랫사람의 이름을 부릅니다. 예를 들어 부모가 자식을 부를 때는 '정우야'라고 합니다. 그렇지만 아랫사람은 윗사람을 부를 때 이름이 아니라 관계를 부릅니다. 예를 들어 동생이 형이나 누나, 오빠, 언니를 부를 때 이름을 부르지 않고 '형', '누나', '오빠', '언니'라고 부릅니다. 그리고 다른 사람에게 가족을 소개할 때 '내 아버지', '내 언니'라고 말하지 않고 '우리 아버지', '우리 언니'라고 말합니다.

In Korean families names are only used when speaking to someone younger than or junior to yourself. For example, when parents call their son they call him '정우야!' But when talking to someone older than and superior to yourself, the right kinship term should be used. For example, a younger male sibling will call an older brother '형' and an older sister '누나' while a younger female sibling will call an older brother '오빠' and an older sister '언니'. When introducing family members to someone else, Koreans don't usually say 'my father' or 'my sister' ('내 아버지' or '내 언니') but 'our father' or 'our sister' ('우리 아버지' or '우리 언니').

01 한국에서 부모는 자녀를 어떻게 부르는지, 그리고 자녀들은 부모를 어떻게 부르는지 말해 보세요. In Korea what do parents call their children and what do children call their parents?

02 여러분 나라에서는 부모님이나 형제를 부를 때 어떻게 부릅니까? 그리고 다른 사람에게 가족을 소개할 때 어떻게 합니까? In your country, what do you call your parents and siblings? How do you refer to your family members when talking to others about them?

문학 맛보기

Poem 엄마야 누나야

01 여러분은 고향에 살 때 어디에서 누구와 살았는지 친구들과 이야기해 보세요.
Talk about where you live in your home country and with whom.

02 다음은 「엄마야 누나야」입니다. 시를 낭송하면서 감상해 보세요. 83
Read and reflect on the following poem "엄마야 누나야".

엄마야 누나야

김소월(1902~1934)

엄마야 누나야 강변 살자
뜰에는 반짝이는 금 모래빛,
뒷문 밖에는 갈잎의 노래
엄마야 누나야 강변 살자

「진달래꽃」, 매문사, 1925

Tip 시인 김소월: 김소월 is one of Korea's most loved poets. Born 김정식, he is better known by his pen name 소월 (素月). As many of his poems are written in the traditional 7.5 syllabic meter of folk songs, 김소월 is acclaimed for his exquisite depiction of han, a feeling of unresolved bitterness that is considered very Korean. His major works include 「진달래꽃」, 「가는 길」, 「산유화」, 「길」 and 「초혼」. During his short literary career of just 5~6 years, he wrote as many as 154 poems.

03 여러분은 누구와 함께 어디에서 살고 싶습니까? 여러분의 생각을 표현해 보세요.
Where would you like to live and with whom? Write down your thoughts below.

_______________ 아/야 _______________ 아/야 _______________ 살자.

강변 riverside　뜰 fields　반짝이는 shining　금 모래빛 golden sand　뒷문 back door　밖 outside
갈잎 fallen leaves

APPENDIX

| 부록 |

듣기 지문 및 정답
Listening Script and Answers

찾아보기
Index

듣기 지문 및 정답 Listening Script and Answers

1과

모음 (1)

1. (1) ① (2) ② (3) ③ (4) ③ (5) ② (6) ①

모음 (2)

1. (1) ① (2) ③ (3) ② (4) ③ (5) ① (6) ②

받침

1. (1) ② (2) ① (3) ① (4) ① (5) ② (6) ②

문장 만들기

1. (1) ① (2) ② (3) ② (4) ①

3. (1) 학생이 책을 읽습니다. (2) 한국 사람이 김치를 먹습니다. (3) 선생님이 학생을 만납니다.
   (4) 개가 갑니다.

2과

들어 봅시다

티엔	마이클 씨, 안녕하세요?
마이클	티엔 씨, 안녕하세요?
티엔	김 선생님 사무실은 2층입니까?
마이클	아니요, 3층입니다.
티엔	3층 몇 호입니까?
마이클	3층 13호입니다.
티엔	김 선생님 전화번호는 무엇입니까?
마이클	010-4372-1586입니다.
티엔	고맙습니다.

2. (1) ② (2) 010-4372-1586

읽고 써 봅시다

2. (1) 에릭 박입니다. (2) ① 아니요 ② 아니요

3과

들어 봅시다

이치로 김정우 씨, 지금 어디에 갑니까?
김정우 컴퓨터실에 갑니다. 요즘 컴퓨터를 배웁니다. 이치로 씨는 어디에 갑니까?
이치로 도서관에 갑니다. 시험이 있습니다.
김정우 시험이 언제입니까?
이치로 10월 24일입니다.
김정우 금요일입니까?
이치로 네, 그렇습니다.

2. (1) ② (2) ③ (3) 10월 24일입니다.

읽고 써 봅시다

2. (1) ① 아니요 ② 네 (2) ③

4과

들어 봅시다

박영민 여보세요?
마이클 영민 씨, 저 마이클입니다. 제가 지금 회사 밖에 있습니다.
그런데 지갑과 열쇠가 가방 안에 없습니다. 혹시 지갑이 제 컴퓨터 옆에 있습니까?
박영민 잠깐만 기다리세요. 컴퓨터 옆에요? 컴퓨터 옆에 없습니다.
아, 여기 의자 밑에 있습니다. 그런데 열쇠는 없습니다.
마이클 책상 위를 보세요. 열쇠가 책상 위에 없습니까?
박영민 책상 위에 없습니다.
마이클 그러면 서랍 안을 보세요.
박영민 네, 여기 서랍 안에 있습니다.
마이클 아, 그래요? 정말 고맙습니다.

2. (1) ① 의자 밑에 표시 ② 서랍 안에 표시 (2) ① 아니요 ② 네

읽고 써 봅시다

2. (1) 책상과 컴퓨터 (2) 정원 (3) ① 네 ② 아니요 ③ 네

5과

들어 봅시다

요코	아주머니, 안녕하세요? 제가 요코예요.
하숙집 아주머니	요코 씨, 만나서 반가워요. 이 방이 요코 씨 방이에요.
요코	네, 고맙습니다. 아주머니, 아침 식사 시간은 몇 시예요?
하숙집 아주머니	평일에는 7시부터 8시까지 아침 식사 시간이에요. 그렇지만 토요일과 일요일에는 7시부터 9시까지 아침을 먹어요.
요코	저녁 식사 시간은 언제예요?
하숙집 아주머니	저녁 식사 시간은 6시부터 7시까지예요. 그리고 밤 11시에 하숙집 문을 닫아요. 밤 11시까지 들어오세요.
요코	네, 알겠습니다. 앞으로 잘 부탁합니다.

2. (1) ③ (2) 밤 11시 (3) ③

읽고 써 봅시다

2. (1) ② (2) ③

6과

들어 봅시다

율리아	유스케 씨, 어제 약속 잊었어요? 1층 로비에서 많이 기다렸어요.
유스케	미안해요. 어제 아주 바빴어요.
율리아	그래요? 어제 수업 후에 뭐 했어요?
유스케	우리 반 친구들하고 같이 식사 후에 도서관에서 숙제를 했어요.
율리아	그래요? 그러면 어젯밤에 몇 시에 집에 들어갔어요?
유스케	어젯밤요? 음-음- 8시에 들어갔어요. 그리고 텔레비전을 봤어요.
율리아	무슨 프로그램이었어요?
유스케	에- 생각이 잘 안 나요.
율리아	10시 스포츠 뉴스였어요?
유스케	네, 맞아요. 스포츠 뉴스였어요. 아주 재미있었어요.
율리아	유스케 씨, 금요일 10시에 스포츠 뉴스를 안 해요. 그 시간에 다른 여자와 데이트를 했지요?

2. (1) 네 (2) 아니요 (3) 네

읽고 써 봅시다

2. (1) ① 아니요 ② 아니요 ③ 아니요 ④ 네

7과

들어 봅시다

마이클 이거 영민 씨 가족 사진이에요?
박영민 네, 작년 아들 돌에 찍었어요.
마이클 영민 씨는 언제 결혼했어요?
박영민 6년 전에 했어요.
마이클 그래요? 이 분이 영민 씨 부인이세요?
박영민 네, 제 아내예요.
마이클 부인이 정말 예쁘세요. 부인도 직장에 다니세요?
박영민 아니요, 결혼 전에는 일을 했어요. 그렇지만 지금은 안 해요.
마이클 이 아이들이 영민 씨 아들과 딸이군요. 몇 살이에요?
박영민 딸은 5살, 아들은 3살이에요.
마이클 그렇군요. 아들이 영민 씨를 닮았어요.

2. (1) 작년 아들 돌 때 (2) ① 5살 ② 3살 (3) ②, ③

읽고 써 봅시다

2. (1) ① 경찰관 ② 교사(선생님) ③ 간호사 (2) ②

찾아보기 Index

2 시 two o'clock 61
3박 4일 three nights and four days 107
3층 third floor 44, 61
4학년 fourth grade 125

가고 싶다 to want to go 79
가깝다 to be close 74, 75
가다 to go 85, 101
가르치다 to teach 53, 84, 88
가방 bag 36, 66, 68, 82, 105
가수 singer 40
가족 family 101, 103, 110, 119, 120, 123, 125, 126
간호사 nurse 121, 125
갈비 galbi (marinated beef ribs) 105
갈잎 fallen leaves 127
감전되다 to be electrocuted 111
강변 riverside 127
개 unit for counting things 68, 82
개구리 frog 47
거기 there 107
거실 living room 68, 77, 78
거짓말을 하다 to tell a lie 108
건너편 opposite 69
결혼식 wedding ceremony 56, 109
결혼하다 to marry 120
경복궁 Gyeongbokgung (Palace) 58, 59
경주 Gyeongju 104
경찰관 policeman 121, 125
고등학교 high school 62, 125
고맙다 to thank (you) 71, 74
고백 confession 111
고향 hometown 119, 127
골프를 치다 to play golf 118
공무원 public servant 121
공부 study 54, 55, 105
공부하다 to study 50, 53, 88, 90, 99
공원 park 98, 101, 104
공책 notebook 36, 67, 105
교사 teacher 121
교실 classroom 44, 57, 60, 61, 72, 82, 87, 98, 119
구경하다 to look around, to go sightseeing 104
구두 shoe 25, 105
그것 that 66
그래서 so 78, 93, 94, 103, 110
그렇지만 but 46, 54, 55, 94, 99, 109, 117, 126
그리고 and 62, 75, 77, 89, 91, 93, 99, 103, 104, 105, 107, 109, 126
그리움 longing 111
근처 near 74, 75
금 모래빛 golden sand 127
기념품 souvenir 109
기다리다 to wait 52
기숙사 dormitory 57, 70, 92, 98
기자 journalist 121, 122, 123
길다 to be long 119
김밥 kimbab (rice rolled in dried laver) 52, 105
꽃 flower 31, 77, 111, 127
꿈 dream 125
끄다 to turn off 100
끝나다 to end 53

나무 tree 25, 77
나이 age 99, 114, 116, 117, 118, 123
날짜 date 56, 58, 59, 61, 86
남동생 younger brother 100, 117, 121, 125
낮잠 nap 99, 101, 108
내년 next year 101, 125
냉면 naengmyeon (cold noodle dish) 105
네 yes 36, 39, 50, 55, 72, 75, 82, 87, 103, 105, 107
노래방 karaoke room 89, 101
놀러 오다 to come over 77
놀이 기구 rides 98
놀이동산 amusement park 98
농구 basketball 115
누구 who 45, 114, 116, 117, 127
누나 big/older sister 121, 125, 126, 127

다녀오다 to go to 106, 107
다니다 to work at 57, 89, 90
다시 again 93, 95
다음 달 next month 86, 87, 101
닮다 to take after 116, 117
대답하다 to answer (questions) 53, 72
대전 Daejeon 119
덥다 to be hot 119
닫다 to close 30, 72
도서관 library 57, 60, 61, 98

도와주다 to help 100
도착하다 to arrive 109
돈을 찾다 to withdraw money 98
돌아오다 to return to 109
동료 colleague 76
동생 little brother/sister 77, 123, 126
동아리 club 61
동안 for 106, 107
뒤 behind 21, 27, 69
뒷문 back door 127
듣다 to listen 30, 31
등산하다 to hike 101, 104, 118
딸 daughter 105, 124
똑바로 straight 74, 75
뜰 fields 127

러시아 사람 Russian 37, 40
로비 lobby 108, 109

마시다 to drink 52, 84, 84, 90, 118
만나다 to meet 43, 53, 84, 90, 99, 118
만들다 to make 119
많다 to be a lot of 30, 51, 102, 123
말 horse 31, 104
말씀 question 86, 87
맑다 to be clear 30, 95
맛있다 to be delicious 50, 51
맞은편 across 69, 74, 75
매일 every day 86, 87, 90, 91, 120
매점 store 70, 71
먹다 to eat 50, 52, 104, 105, 118
멀다 to be far 119
멋있다 to be nice 77, 135
며칠 what date 56, 58, 59
몇 how many 82, 95, 117, 123
모두 all 115, 119, 120, 122, 123, 124, 125
모르다 to not know 95
모임 meeting 61
모자 hat 51
못하다 to be unable to do 115
몽골 사람 Mongolian 37
무슨 요일 what day 58, 59
무슨 일 what work/job 42, 43, 90, 91, 122, 123
무엇 what 41, 52, 55, 66, 68, 98, 119
무역 회사 trading company 91

문을 닫다 to close 92, 93
문화 수업 culture study class 56, 58, 59, 109
묻다 to ask 87
물건 objects 36, 66, 67, 68, 76, 82, 105
뭐 what 91, 103, 104, 107
미국 사람 American 37, 40
미안하다 to be sorry 100
미용사 hair dresser 121
민속촌 folk village 109
밑 under 69, 78

바닷가 seaside 106, 107
바로 옆 right beside 69
바쁘다 to be busy 93, 100, 102
바지 pants 25, 51
박물관 museum 104
밖 outside 104, 127
반 class 109
반갑다 to be glad 43
반짝이는 shining 127
방 room 31, 67, 68, 70, 71, 77, 78, 118
배우다 to learn 52, 53, 54, 84, 88, 118
백화점 department store 73, 98, 115
법학 law 125
베트남 사람 Vietnamese 40, 42, 43
벽시계 clock 82
변호사 lawyer 121, 125
병원 hospital 73, 100
보내다 to spend 107
보통 usually 46, 62, 93, 94, 98, 99, 103
볼펜 ballpoint pen 105
봄 학기 spring semester 109
부모님 parents 77, 122, 123, 126
부산 Busan 104
부엌 kitchen 30, 31, 77, 78, 118
분 minute 83, 84, 86, 87, 93, 109
불고기 bulgogi 109
불국사 Bulguksa (Temple) 104
비싸다 to be expensive 50, 115
빌리다 to borrow 98
빵 bread 21, 33, 51, 93
빵집 bakery 73

사과 apple 27, 33, 68, 115
사다 to buy 105
사람들 people 78, 79, 94

사무실 office 44, 76
사업가 businessman 121
사이 between 69, 79
사전 dictionary 36, 67
사진 photo 61, 100, 109
사진을 찍다 to take a picture 104
산책하다 to take a walk 101, 118
살 years 114, 116, 117, 123, 124
살다 to live 119, 120, 122
생일 birthday 56, 123
생활 life 53, 54, 55, 60, 78, 85, 92, 102
샤워하다 to take a shower 93
서재 study 77
서점 bookstore 57, 74, 75
선생님 teacher 36, 45, 46, 109
설날 New Year's Day 56
설문지 questionnaire 99
설악산 (Mt.) Seoraksan 104
섬 island 31, 79, 95
세수하다 to wash (one's) face 85
세탁실 laundry 70, 71
소파 sofa 66, 67, 68
손님 guest 93
쇼핑하다 to do shopping 98, 101, 102
수박 watermelon 115
수업 class 53, 58, 88, 90, 91, 100
수업 후 after class 61
수영하다 to swim 88, 104
수학 mathematics 125
숙제하다 to do homework 53, 84
순두부찌개 sundubu jjigae 109
술 alcoholic drink 90, 91
쉬다 to rest 50, 53, 84, 102, 118
스파게티 spaghetti 119
스포츠 뉴스 sports news 108
스포츠센터 sports center 86, 87
시간 time 61, 83, 91, 100, 101, 110
시간(이) 있다 to have time 100
시계 watch 27, 67, 68, 83
시작하다 to begin 53, 86
시장 market 115
시험 exam 56, 58, 59, 60
식당 restaurant 57, 60
식사 시간 mealtime 92
신문 newspaper 52, 66, 67
실례하다 to excuse 73
싫어하다 to dislike 115
싸다 to be cheap 51, 105, 115
쓰다 to write 29, 72, 100

아내 wife 124
아니요 no 40, 43, 71, 91, 99, 100, 117, 119, 120, 123
아들 son 124
아래 below 69, 76
아르바이트를 하다 to work at a part-time job 88
아버지 father 118, 121, 122, 123, 125, 126
아빠 dad 29, 116, 117
아이 child 23, 32, 33, 51, 100
아주 very 93, 100
아침 morning 89
아침 식사 breakfast 84, 85, 92, 93
아침을 먹다 to eat breakfast 84, 85
아프다 to be hurt 100
안 in 69, 109
안경을 쓰다 to wear glasses 115
안녕하세요 hello 38, 39, 42, 43, 70, 71
앉다 to sit 30, 72
알겠다 I see 72
알다 to know 119
앞 in front of 30, 31
앞으로 in the future 70, 71
약국 pharmacy 73
약사 pharmacist 121
약속이 있다 to have an engagement 108
어느 나라 what country 38, 39
어디 where 57, 59, 67, 71, 73, 89, 98
어떻게 how 75, 111, 123
어떻다 to be how 54
어렵다 to be difficult 54
어머니 mother 105, 118, 121, 122, 123, 125
언니 big/older sister 116, 117, 119, 121, 126
언제 when 56, 59, 87, 88
엄마 mom 116, 117, 127
여기 here 74, 75
여동생 younger sister 121
여러분 everyone 72
여자 친구 girlfriend 89
여행을 가다 to travel 99, 118
여행하다 to travel 101, 106, 107
연필 pencil 36, 67, 68

열다 to open 119
열쇠 key 76
영국 사람 British 40
영어 English 45
영화 movie 51, 61, 89, 98, 99, 104, 117
영화관 cinema 61, 73, 98
영화배우 actor 37, 40
옆 beside 67, 69, 70, 71, 73
예쁘다 to be pretty 29, 100, 105
옛날 old days, old times 109
오늘 today 38, 42, 56, 78, 84
오다 to come 51, 57
오랜만 (in) a long time 106, 107
오륙도 Oryukdo (Island) 95
오른쪽 right 73, 74, 75
오빠 big /older brother 117, 121, 126
오전 morning 83, 84, 87, 88, 91, 93, 118
오후 afternoon 61, 86, 87, 88, 91, 118
올라가다 to go up 106, 107
옷 clothes 30, 31, 52, 93
옷걸이 clothes hanger 66
외식을 하다 to dine out 99
외출하다 to go out 101, 103
외할머니 maternal grandmother 121
외할아버지 maternal grandfather 121
왼쪽 left 73, 75
요가 yoga 86, 87
요리사 cook 37, 93
요즘 these days 54, 55, 60, 62, 88
욕실 bathroom 77
우리 our 77, 93, 100, 109, 120, 125, 126
우리들의 our 63
우산 umbrella 67, 82
우유 milk 23, 52, 68, 93
우체국 post office 73, 74, 75, 98
운동하다 to exercise 50, 84, 85, 98, 99
운전 driving 118
월 month 56, 58, 59, 61, 62, 109, 123
위 on 67, 68, 69
유쾌한 pleasant 63
은행 bank 73, 89, 98
은행원 bank employee 37, 40
음악 music 52, 99
의사 (medical) doctor 27, 37, 89
의자 chair 36, 37, 66, 67, 68, 82, 119
이것 this 66, 109
이름 name 39, 45, 46, 72, 126
이메일 email 45, 100
이야기하다 to talk 53
이층집 two-story house 77
인천 Incheon 119
인터넷을 하다 to browse the internet 85
일 day 56, 107
일본 사람 Japanese 37, 38, 39
일본어 책 Japanese language book 66
일어나다 to wake up 84, 85
일어서다 to stand 72
읽다 to read 52, 53, 72, 118
입다 to wear, to put on 52
있다 (there) to be 30, 67, 79

자다 to sleep 50, 51, 101, 118
작다 to be small 51, 115
잘 부탁하다 (I) hope you can help me out around here 70, 71
잘 well 44, 60, 70, 71, 76, 106, 107, 108, 124
잘하다 to do well 105, 115
잠을 자다 to sleep 84, 85
장소 place 58, 61, 67, 73, 74, 75, 98
재미교포 Korean-American 45
재미없다 to be boring 51
재미있다 to be fun 50, 54, 106
저 I (humble) 39, 43, 45, 89, 91, 93, 103, 109, 117, 120, 123, 125
저것 that 66
전깃줄 electric wire 111
전자사전 electronic dictionary 67, 82
전통 tradition 78, 94, 109
전화 telephone 36, 66, 68
전화번호 phone number 41, 44, 45, 119, 137
전화하다 to make a phone call 50, 51
정말 really 74, 75, 100, 103, 106, 107
정원 garden 77
제주도 Jejudo (Island) 104, 106, 107
조금 a little bit 54, 55, 103, 109, 119
조용히 하다 to be quiet 72
졸업식 graduation 56
좋아하다 to like 105, 115, 116
주말 weekend 99, 101, 102, 103, 104, 110
주부 housewife 37, 40, 42, 43, 102
주소 address 45
준비하다 to prepare 84, 85

중국어 책 Chinese language book 66
중략 omission 63, 95
중학교 junior high school 62, 125
지갑 wallet 76
지하 basement 70, 71
지하철역 subway station 74, 75
직업 occupation 37, 43, 90, 93, 121
직장 생활 work 102, 103
직장에 다니다 to go to work 120, 124
질문하다 to ask (questions) 53
집 house, home 77, 78, 93, 99, 103, 109
집안일 housework 101, 102, 103
쪽 page 72
쯤 around 109

창문 window 119
책 book 30, 31, 51, 53, 66, 72
책상 desk 36, 66, 67, 68, 77, 82
책장 bookcase 66
청소하다 to clean 93
출근하다 to go to work 84, 85
층 floor 44, 70, 71, 77, 108, 109
친구 friend 53, 61, 84, 89, 91, 99, 109, 110, 118, 120
침대 bed 66, 68
침실 bedroom 77

캐나다 사람 Canadian 40, 45
커피 coffee 52, 105
커피를 마시다 to drink coffee 32, 33, 84, 85
컴퓨터 computer 52, 60, 66, 77, 105
컴퓨터실 computer room 70, 71
크게 말하다 to speak up 72
크리스마스 Christmas 56
키 height 100, 120
키가 작다 to be short 115
키가 크다 to be tall 115

타다 to ride 29, 98, 104
탁자 table 66, 68
태국 사람 Thai 40
태권도 taekwondo 61, 88
텔레비전을 보다 to watch TV 84
통역사 interpreter 121
퇴근 후 after work 89, 90, 91, 93
퇴근하다 to get off work 84

펴다 to open 72
편의점 convenience store 73
평일 weekday 92, 102, 103
프랑스 사람 French 37
프랑스 식당 French restaurant 93
프로그램 program 86, 87
피곤하다 to be tired 102, 103
피아노 piano 77
필리핀 사람 Philippines 42, 43
필통 pencil case 67

하늘 sky 63
하루 (one) day 63, 84, 90, 91, 93
하숙집 boarding house 92
학교 school 53, 57, 62, 73, 91, 98, 109
학생 student 37, 39, 40, 43, 89, 125
학원 private academy 118
한국 사람 Korean 33, 37, 46, 78, 94, 110, 126
한국 요리 Korean cooking 88
한국어 시험 Korean language exam 58, 59
한국어 책 Korean language book 36, 66
한라산 (Mt.) Hallasan 106, 107
한번 once 77
할머니 grandmother 121
할아버지 grandfather 121, 123
행진곡 march 63
형 big/older brother 115, 119, 120, 121, 122, 123, 126
형제 siblings 116, 117, 126
호 number 44
호주 사람 Australian 37, 40
화장대 dressing table 68
화장실 restroom, toilet 57
회 sushi 104
회사 company 27, 76, 91, 99
회사원 office worker 37, 38, 39, 40, 93
회의하다 to have a (business) meeting 84, 85
휴가 vacation 104, 106, 107
휴게실 lounge 61, 70, 71
휴대 전화 cell phone 100
흐리다 to be overcast 95

지은이 소개 About the Authors

이미혜 Mi-Hye Lee
이화여자대학교 교육대학원 외국어로서의 한국어교육전공 조교수
Assistant Professor, Teaching Korean as a Foreign Major, Ewha Graduate School of Education
이화여자대학교 국어국문학과 박사 Ph.D. in Korean Linguistics, Ewha Womans University

김현진 Hyun Jin Kim
이화여자대학교 언어교육원 특임교수 Professor of ELC, Ewha Womans University
이화여자대학교 독어독문학과 박사 Ph.D. in German Linguistics, Ewha Womans University

구재희 Jae-Hee Koo
이화여자대학교 언어교육원 강사 Instructor of ELC, Ewha Womans University
이화여자대학교 국어국문학과 박사 Ph.D. in Korean Linguistics, Ewha Womans University

권경미 Kyong Mi Kwon
전 이화여자대학교 언어교육원 강사 Former Instructor of ELC, Ewha Womans University
이화여자대학교 국어국문학과 박사 Ph.D. in Korean Linguistics, Ewha Womans University

유선희 Sun-Hee Ryu
전 이화여자대학교 언어교육원 전임강사 Former Full-time Instructor of ELC, Ewha Womans University
이화여자대학교 독어독문학과 박사 Ph.D. in German Linguistics, Ewha Womans University

윤영 Young Yoon
전 이화여자대학교 언어교육원 전임강사 Former Full-time Instructor of ELC, Ewha Womans University
연세대학교 한국학협동과정 박사 Ph.D. in Korean Studies, Yonsei University

이수행 Soo-Haeng Lee
전 이화여자대학교 언어교육원 전임강사 Former Full-time Instructor of ELC, Ewha Womans University
상명대학교 한국학과 박사 수료 ABD. in Korean Studies, Sangmyung University

Contents of MP3

• Audio materials(MP3) are available on the "material download(자료실)" of the Ewha Womans University Press website(www.ewhapress.com).

Track	Unit	Title	Page
1	1과	pt. 2 모음(1) 읽기	22
2	1과	pt. 2 모음(1) 연습1	23
3	1과	pt. 2 모음(1) 연습2	23
4	1과	pt. 2 자음(1) 읽기	24
5	1과	pt. 2 자음(1) 연습1	25
6	1과	pt. 2 자음(1) 연습2	25
7	1과	pt. 2 모음(2) 읽기	26
8	1과	pt. 2 모음(2) 연습1	27
9	1과	pt. 2 모음(2) 연습2	27
10	1과	pt. 2 자음(2) 읽기	28
11	1과	pt. 2 자음(2) 연습1	29
12	1과	pt. 2 자음(2) 연습2	29
13	1과	pt. 2 받침 읽기	30
14	1과	pt. 2 받침 연습1	31
15	1과	pt. 2 받침 연습2	31
16	1과	pt. 3 문장 만들기 읽기	32
17	1과	pt. 3 문장 만들기 연습1	33
18	1과	pt. 3 문장 만들기 연습2	33
19	1과	pt. 3 문장 만들기 연습3	33
20	2과	pt. 1 준비합시다1	36
21	2과	pt. 1 준비합시다2	37
22	2과	pt. 1 말해 봅시다	39
23	2과	pt. 2 준비합시다1	40
24	2과	pt. 2 준비합시다2	41
25	2과	pt. 2 말해 봅시다	43
26	2과	pt. 3 들어 봅시다	44
27	2과	pt. 3 읽고 써 봅시다	45
28	2과	문학 맛보기	47
29	3과	pt. 1 준비합시다1	50
30	3과	pt. 1 준비합시다2	51
31	3과	pt. 1 준비합시다3	52
32	3과	pt. 1 어휘	53
33	3과	pt. 1 말해 봅시다	55
34	3과	pt. 2 준비합시다1	56
35	3과	pt. 2 준비합시다2	57
36	3과	pt. 2 말해 봅시다	59
37	3과	pt. 3 들어 봅시다	60
38	3과	pt. 3 읽고 써 봅시다	61
39	3과	문학 맛보기	63
40	4과	pt. 1 준비합시다1	66
41	4과	pt. 1 준비합시다2	67
42	4과	pt. 1 준비합시다3	68
43	4과	pt. 1 어휘	69
44	4과	pt. 1 말해 봅시다	71
45	4과	pt. 2 준비합시다1	72
46	4과	pt. 2 준비합시다2	73
47	4과	pt. 2 말해 봅시다	75
48	4과	pt. 3 들어 봅시다	76
49	4과	pt. 3 읽고 써 봅시다	77
50	4과	문학 맛보기	79
51	5과	pt. 1 준비합시다1	82
52	5과	pt. 1 준비합시다2	83
53	5과	pt. 1 준비합시다3	84
54	5과	pt. 1 어휘	85
55	5과	pt. 1 말해 봅시다	87
56	5과	pt. 2 준비합시다1	88
57	5과	pt. 2 준비합시다2	89
58	5과	pt. 2 말해 봅시다	91
59	5과	pt. 3 들어 봅시다	92
60	5과	pt. 3 읽고 써 봅시다	93
61	5과	문학 맛보기	95
62	6과	pt. 1 준비합시다1	98
63	6과	pt. 1 준비합시다2	99
64	6과	pt. 1 준비합시다3	100
65	6과	pt. 1 어휘	101
66	6과	pt. 1 말해 봅시다	103
67	6과	pt. 2 준비합시다1	104
68	6과	pt. 2 준비합시다2	105
69	6과	pt. 2 말해 봅시다	107
70	6과	pt. 3 들어 봅시다	108
71	6과	pt. 3 읽고 써 봅시다	109
72	6과	문학 맛보기	111
73	7과	pt. 1 준비합시다1	114
74	7과	pt. 1 준비합시다2	115
75	7과	pt. 1 말해 봅시다	117
76	7과	pt. 2 준비합시다1	118
77	7과	pt. 2 준비합시다2	119
78	7과	pt. 2 준비합시다3	120
79	7과	pt. 2 어휘	121
80	7과	pt. 2 말해 봅시다	123
81	7과	pt. 3 들어 봅시다	124
82	7과	pt. 3 읽고 써 봅시다	125
83	7과	문학 맛보기	127